Topos plus **Taschenbücher**
Band 413

Markus Hofer

Kinder brauchen Väter

Söhne und Töchter über ihre Väter

Topos plus Taschenbücher

Topos plus Verlagsgemeinschaft

Butzon & Bercker, Kevelaer | Don Bosco, München
Echter, Würzburg | Verlag Katholisches Bibelwerk, Stuttgart
Lahn-Verlag, Limburg Kevelaer | Matthias-Grünewald-Verlag, Mainz
Paulusverlag, Freiburg Schweiz | Friedrich Pustet, Regensburg
Styria, Graz Wien Köln | Tyrolia, Innsbruck Wien

Die Deutsche Bibliothek – CIP-Einheitsaufnahme
Ein Titeldatensatz für diese Publikation
ist bei Der Deutschen Bibliothek erhältlich.

Einband- und Reihengestaltung:
Akut Werbung GmbH, Dortmund
Herstellung: Pustet, Regensburg
Printed in Germany

Topos plus – Bestellnummer: 3-7867-8413-2

Inhalt

Vorwort

Das Schweigen der Väter
Immer mehr und vor allem junge Väter brechen das Schweigen. Man sieht sie in Schwangerschaftskursen, auf Spielplätzen und mit Kinderwagen. Ähnliches gilt für die Großväter, die zunehmend bei den Enkeln das nachholen, was sie bei ihren Kindern versäumt haben, und denen es sichtbar Spaß macht. Trotzdem ist das Schweigen der Väter immer noch groß aus vielen Gründen und auf vielen Ebenen:
Es ist einmal das Schweigen jener Väter, die nach einer unmenschlichen Arbeitswoche kaputt und ausgelaugt heim zur Familie kommen und nun liebevolle Väter sein sollten. Sie würden es gern, aber sie können es nicht mehr.
Es ist das Schweigen jener Väter, die ohne gutes männliches Vorbild aufgewachsen sind und nie gelernt haben, mit Zärtlichkeit, Gefühlen, Spiel und Kindern umzugehen. Sie lieben stumm und hilflos, weil sie keinen Ausdruck finden.
Es ist das Schweigen jener Väter, die nicht die Kraft und Einsicht haben, sich in die Inszenierung von Mutter und Kind einzumischen. Sie glauben alsbald selbst, dass sie alles nur falsch machen und zur Kindererziehung nicht geeignet sind, und merken irgendwann, dass sie daheim nur noch eine Nebenrolle spielen und zunehmend verstummen.
Es ist sicher auch das Schweigen ignoranter Väter, die nicht wissen, wie wichtig sie wären, das Schweigen jener Väter, die sich selber auf Kinderzeugen und Geldverdienen reduzieren.
Und es sind auch jene Väter, die geschieden sind, die manchmal nur noch zahlen dürfen und sich dann wohl oder übel zurückziehen und verschwinden. Sie

schweigen, aber sie leiden am schlechten Gewissen gegenüber den Kindern.

Die Söhne und Töchter reden

Ziel dieses Buches ist es, die Kinder und Jugendlichen, die Söhne und Töchter selbst sprechen zu lassen. Sie schreiben über Väter oder ihren eigenen Vater und sie haben gern geschrieben. Die Texte sind entstanden im Schulunterricht in verschiedenen Altersstufen und unterschiedlichen Schultypen. Sie sind anonymisiert und Namen sind nur in der Unterstufe beigefügt, wo in den Aussagen noch nicht zwischen Söhnen und Töchtern getrennt wird. Es sind vielfältige Geschichten geworden, kurze und längere, direkte und indirekte, glückliche und auch traurige. Die Geschichten sind echt und großteils auch sehr berührend. Obwohl es manchmal nur zwischen den Zeilen steht, zieht es sich wie ein roter Faden durch diese Geschichten: Kinder brauchen Väter.
Die Betroffenen bringen es oft deutlich auf den Punkt, was sie an ihren Vätern so mögen, was sie von ihnen brauchen und wie es funktionieren kann. Manche Geschichten lesen sich wie kleine Ratgeber für Väter, und nicht selten ist das Verständnis, das die Töchter und Söhne für ihre Väter aufbringen, von überraschender Klarheit. Es sind Geschichten und Szenen, Erfahrungen und Träume, Freudiges und Schmerzvolles, Wunsch und Wirklichkeit, manchmal sehr eng vermischt – hinter allem steckt aber eine tiefe Sehnsucht nach den Vätern. Nirgends findet sich der Ruf nach einem perfekten oder idealen Vater, dafür aber umso mehr der Wunsch nach einem Vater, der greifbar ist. Die Geschichten sollen Väter bestätigen, ihnen Mut machen und sie können sogar Wege und Möglichkeiten aufzeigen.

Ich bin froh, dass ich einen Papa habe

Kinder mit acht Jahren

Burschen und Mädchen im Alter von acht Jahren schreiben über ihren Vater: berührend („Wir sind ein tolles Team“), auf den ersten Blick auch verklärend („Mein Papa ist sehr lieb. Vor allem, wenn ich ihn lange schlafen lasse“), und doch ist er ihnen wichtig, selbst wenn er viel arbeiten und viel schlafen muss. Was offensichtlich besonders hängen bleibt, sind die gemeinsamen Unternehmungen, auch wenn der Vater nur „besuchen kommt“ oder es sich um einen „neuen Papa“ handelt.

Mein Papa geht mit mir spazieren. Mein Papa geht mit mir einkaufen. Mein Papa schläft lange. Mein Papa spielt immer mit mir. Mein Papa geht mit mir zur Aral. Lieber Papa! *Sabrina*

Mein Papa muss viel arbeiten. Ich darf viel helfen, das macht Spaß. Ich kriege immer zu viel zu essen. Mein Papa muss viel kochen. Mein Papa muss viel im Garten arbeiten. Er muss viel schlafen. *Elias*

Ich und mein Papa gehen oft fort. Aber manchmal muss ich mit meiner Mama mit. Weil es zu spät wird. Wenn Papa nach der Arbeit nach Hause kommt, und wenn es schönes Wetter hat, gehen wir zum See und baden. Das ist schön! *Martin*

Ich und mein Paps sind ein tolles Team. Wir machen dies, wir machen das. Uns macht alles Spaß. Wir machen nur, was uns gefällt. Er hilft mir, ich helfe ihm. Wie ich schon sagte: Wir sind ein tolles Team. *Markus*

Ich habe meinen Papa so lieb, ich würde ihn für nichts auf der Welt hergeben. Er mich auch nicht. Mein Papa ist sehr lieb. Vor allem, wenn ich ihn lange schlafen lasse. *Merlin*

Mein Papa ist selten zu Hause. Am Morgen ist er meistens schon zur Arbeit gegangen. Deshalb freue ich mich auf den Sonntag, denn da muss mein Papi nicht arbeiten gehen und hat Zeit für mich. Am liebsten mag ich, wenn er mit mir blödelt. Wir spielen auch Verstecken. Das ist immer lustig. Papa hat mir auch Computerspielen beigebracht. Wir sind ein gutes Team. *Nadine*

Ich mag meinen Papa sehr gern. Ich kann nicht so oft mit meinem Papa Sachen unternehmen, weil mein Papa immer lang arbeiten muss. Darum kann ich nicht sehr viele Sachen mit ihm machen. Und immer, wenn er früher heimkommt, hockt er vor dem Fernseher. *Marcel*

Mein Papa ist bei einem Autounfall gestorben. Als ich es erfahren habe, war ich sehr traurig. Meine Mama hat mir gesagt, dass er sehr sympathisch war. Meine Mama und mein Papa hatten drei Autos. Einen Jeep und zwei Mercedesse. Und mehr weiß ich nicht über meinen Papa. *Erik*

Mein Papa ist fast nie bei mir, deswegen bin ich traurig. Aber wenn er mich besuchen kommt, dann strahle ich vor Freude. Ich gehe mit ihm spazieren, dann kauft mein Papa ein Eis und zum Schluss bekomme ich ein Geld. Ich bin froh, dass ich einen Papa habe. *Mirjana*

Ich fahre gern mit Papas Traktor. Ich bade gern mit meinem Papa im Pool. Ich gehe gern mit meinem Papa fischen. Mein Papa hat mich lieb. Ich habe meinen Papa lieb. *Christian*

Mein Papa arbeitet immer. Am Sonntag schläft er viel. Und wenn mein Papa am Montag wieder arbeitet, dann kommt er nach Hause. *Hülya*

Wenn das Wetter schön ist, gehen wir angeln. Ich und mein Papa gehen zu meiner Oma. Wenn ich komme, dann rennt der Hund gleich zum Tor. Dann macht Papa die Gartenarbeit. Ich und mein Papa halten gut zusammen. *Lucas*

Werner ist mein neuer Papa!! Wir sind nach Kroatien gegangen. Mein Papa ist immer vom steilen Felsen gesprungen. Und dann sind wir wieder nach Hause gegangen. Danach waren wir müde! Ich liebe meinen Papa! *Ramona*

Ein echter Schlafsack und eine wirkliche Wasserratte

Kinder mit neun Jahren

Väter scheinen mit den Kindern häufig schwimmen zu gehen – die Texte entstanden während einer heißen letzten Schulwoche! Ein Jahr später, es handelt sich um eine 3. Volksschulklasse und die Kinder sind im Schnitt neun Jahre alt, klingen die Aussagen sehr detailverliebt. Gleichzeitig dringt noch stärker die Alltagsrealität durch: Väter, die viel arbeiten, dann oft müde sind und lange schlafen müssen, die Väter, die sehr früh aus dem Haus gehen und erst spät heimkommen, sodass die Kinder sie kaum sehen, freiwillige oder unfreiwillige Sonntagsväter eben.
„Wenn er wieder kommt ...“ – Neben den Sonntagsvätern stehen die geschiedenen oder nur leiblichen Besuchsväter und einmal ist bereits ein Opa an deren Stelle getreten. Die Kinder können mit ihren Besuchsvätern leben, aber umso trauriger sind sie, wenn diese nicht zum versprochenen Besuch kommen.
Im Alltagsleben spielen die Väter offensichtlich keine große Rolle. Umso wichtiger sind deshalb die gemeinsamen Unternehmungen, das Abenteuer und der Sport sowohl bei den Jungen wie bei vielen Mädchen – das nicht Alltägliche eben. Langsam zeigen sich auch Unterschiede in der Beschreibung von Mädchen oder Jungen. So würde es kaum einem Jungen einfallen, Haar- oder Augenfarbe des Vaters anzugeben. Markanter ist da schon eher: „Ich bin klein und mein Papa ist groß.“
Zwischendurch tauchen aber auch noch ganz ande-

re Sachen auf: „Er lobt mich immer, wenn ich etwas gut gemacht habe.“ Die kleinen Söhne und Töchter sagen klar, was sie von den Vätern brauchen und was ihnen gut tut: Wenn er sie lobt und bestätigt, wenn er ihre Leistungen würdigt, wenn er zurechtweist, ohne das Kind selbst abzuwerten, wenn er Rat gibt und Fragen beantwortet, wenn er da ist, wenn die Kinder etwas brauchen oder ihnen etwas am Herzen liegt. Dann sind sie mit ihm ein Team.

Ich gehe gern mit meinem Papa aufs Segelboot. Manchmal übernachten wir sogar auf dem Boot. Dann fahren wir in unseren Hafen und stellen „Susanne“ ab. Susanne heißt unser Schiff. Ich helfe meinem Papa das Segel zusammenzulegen. Gern bringe ich mit meinem Papa die Feuerlöscher zurück, weil es immer 90 Schilling kostet. Die Leute geben meinem Papa dann meistens 100 Schilling und mir die 10 Schilling, die übrig bleiben. Mein Papa hat eine Freundin. Ihre zwei Töchter mag ich auch gern. Ich besuche sie sehr oft mit meinem Papa. Ich und mein Papa mögen sie einfach. Ich lerne mit meinem Papa für die Ansage oder die Lernwörter. *Susanne*

Mein Papa ist 38 Jahre alt. Ich bin klein und mein Papa ist groß. Ich und mein Papa verstehen uns sehr gut. Wir sind ein Megateam. Mein Papa arbeitet, ich arbeite noch lange nicht. Wir unternehmen viel. Zum Beispiel: einkaufen. Mein Papa und ich spielen sehr viele Streiche. Wir zwei sind sehr schlau. Wir sind zusammen ein starkes Team. Ich und mein Papa waren schon einmal in einer Disco. Wir zwei laufen manchmal durch einen Tunnel. *Alexander*

Mein Opa ist sehr nett und hilfsbereit. Wir unternehmen zwar nicht viel, aber wir essen jeden Mittag miteinander. Aber nicht, Samstag und Sonntag, natürlich auch nicht wenn er irgendwie weit weg ist. Manchmal gehen wir angeln oder baden. Wenn es regnet, schauen wir uns manchmal ein Video an. Es macht Spaß, so einen Opa im Klan zu haben. Wenn er seine Bücher mit seiner komischen Brille liest, schläft er oft ein. Dann nimmt ihm Oma seine Brille ab. Ich gebe ein Lesezeichen ins Buch und schlage es zu. Mein Opa schlürft immer, und wenn ich einmal schlürfe, sagen alle: „Schlürfen tut man nicht!“ Ich antworte: „Opa schlürft auch!“ *Lucas*

Wir spielen fast immer im Sommer am Abend Tischtennis. Wir haben schon viel zusammen erlebt. Gestern spielten wir bis ca. 22.00 Uhr Tischtennis. Manchmal kommt er sehr gereizt von der Arbeit nach Hause und streitet dann mit meiner Mami. Das mag ich nicht an ihm. Ich mag an Papa, dass er meistens freundlich ist. Papi kocht auch super. Paps isst gern Salat, Suppen, Schnitzel, Pizza – eigentlich fast alles. Daddy fährt oft mit dem Fahrrad zur Arbeit. Vati muss um 6.00 Uhr aufstehen, um das Essen zu machen. Am Wochenende fahren wir oft zur Oma. Mein Papa ist fast perfekt. *Gerd*

Mein Papa ist Trainer beim Fußballklub. Er ist Bäcker. Papa schläft am Tag, denn er muss um ca. 23.30 Uhr zur Arbeit fahren. Aber bevor er losfährt, muss er noch mit dem Hund spazieren gehen. Ich sehe ihn sehr oft. Am liebsten trinkt er alkoholfreies Bier. Ich und mein Daddy spielen sehr gern Fußball. Essen mag er eigentlich fast alles. Wenn er von der Arbeit heimkommt, isst er noch etwas. Nach dem Essen duscht er und dann geht er ins Bett. *Sebastian*

Mein Vater radelt sehr gern und spielt sehr gut Tennis. Er lobt mich immer, wenn ich etwas gut gemacht habe. Zum Beispiel wenn wir Fußball spielen und ich schieße ein Tor. Meine Mama findet es nicht gut, wenn er fernsieht. Er spielt auch Playstation-Autorennen gegen mich. Angeln gehen wir sehr gern. Leider ist er morgens immer in der Firma. Witze macht er auch sehr gern. Manchmal machen wir eine Kissenschlacht. Papa bastelt mit mir auch neue Sachen bei der Baumhütte. *Martin*

Mein Papa schläft jeden Morgen, weil er immer um 12.00 Uhr nachts nach Hause kommt. Fast jeden Morgen muss ich meinen Papa wecken. Jeden Nachmittag kann er mit mir spielen. Am Dienstag haben wir Fußballtraining, da kann ich ein paar Sachen nicht. Wenn ich sie nicht kann, zeigt sie mir mein Papa. Bei einem Turnier musste mein Papa mich zwei, drei Mal auswechseln. Bis ich mir den Fuß verstaucht habe. Dann konnte ich nicht mehr spielen. Er würde nie zu mir sagen: „Mein Sohn Luka ist doof!“ Aber er muss mit mir auch schimpfen. *Luka*

Ich denke manchmal an ihn, aber nicht sehr oft. Ich denke: „Warum ist er nicht gekommen!“ Ich erzähle euch jetzt die Geschichte von meinem Vater: Daheim hatte er eine Frau, aber meine Mutter wusste nichts von ihr. Also verliebte sie sich in ihn. Dann kam ich auf die Welt. Nach einem Monat kam er wieder. Er brachte einen Strauß mit 50 Rosen mit. Darauf stand ILD – also „Ich liebe dich“. Er versprach mir immer, dass er mit mir fortgehen würde. Aber am versprochenen Tag kam er nie. Eine Woche später kam er und sagte, es wäre etwas dazwischengekommen. So war es für mich! *Franziska*

Ich mag meinen Papa, weil er mich manchmal zum Eisessen bringt. Wenn mein Papa mit meiner Mama fortgeht, darf ich auch mit. Wenn mein Papa am Abend kommt, schläft er bei mir. Mein Papa fährt mich jeden Sonntag zum Dönerkebab. Mein Papa hat mich einmal zur Baustelle mitgenommen. Mein Papa fährt mich mit dem Auto zu meinem Bruder und lässt mich dort übernachten. Wenn ich die 3. Klasse bestehe, dann kauft mein Papa mir ein neues Rad. Wenn wir mit dem Auto in die Türkei fahren, habe ich ein neues Handy. Wenn jemand heiratet, nimmt mein Papa mich, meine Schwester und meine Mama mit.
Duran

Mein Papa hat braune Augen, braune Haare und ist nett. Am allerliebsten mögen ich und mein Papa Computer spielen. Wir spielen auch gern Federball zu zweit. Gewöhnlich kommt Papa immer ungefähr um 22.00 Uhr nach Hause. Um diese Zeit schlafe ich schon längst im Bett. Am Samstag und Sonntag ist Papa zu Hause. Ich gehe auch oft zu Papa in die Firma. Dann zeigt mir Papa, wie man Autos repariert. Vielleicht gehen wir in den Sommerferien in einen großen Schwimmpark – und Papa geht natürlich mit. Wenn wir Rollerskates fahren, geht Papa mit dem Fahrrad mit. *Lisa*

Wir gehen oft skaten, aber nur wir zwei – Mama nicht. Einmal skateten wir weiter weg. Plötzlich fing es an zu regnen. Wir wollten in einen Pub, mein Papa, glaube ich, kennt dort den Besitzer, aber niemand war zu Hause. Wir warteten ein bisschen und fuhren weiter. Wenige Minuten später waren wir auf einem Festplatz. Dort gab es: Westernmusik, Essen, Trinken, Lagerfeuer, Wegweiser nach Amerika, zum Nordpol, nach Rom und zum Klo. Wir bestellten drei

Mal wilde Kartoffeln und ich trank einen Orangensaft. Gemeinsam saßen wir am Lagerfeuer. *Delia*

Mein Papa ist 59 Jahre alt. Er kann gut schwimmen. Er hat es mir beigebracht. Papa schläft die ganze Zeit, das macht meine Mutter nervös. Am Morgen, wenn er Zeitung liest, störe ich ihn. Dann wird er wütend. Meine Mutter kann es nicht leiden, wenn ich mit ihm streite. Wenn ich beim „Mensch ärgere dich nicht" gewinne, sagt er: „Das hast du gut gemacht, Caroline!" Ich freue mich immer, wenn er das sagt. Papa freut sich auch. Manchmal machen Papa, Mama und ich eine Radtour. Papa schaut immer auf mich. *Caroline*

Mein Papa ist ganz toll lieb. Er bringt mich immer, wenn ich nicht laufen will, in die Schule. Manchmal holt er mich bei der Schule auch ab. Am Wochenende darf ich manchmal mit ihm in seinem Lastwagen wegfahren. Ich darf auch mit ihm ins Geschäft gehen. Wenn er im Gasthaus hockt und ich ihn holen soll, krieg ich immer ein Eis oder eine Limo. Wenn er mit dem Verein weg muss, dann gehen wir immer zuschauen. Als wir vier Tage in Italien waren, mussten wir immer laufen, weil er es so wollte. Er hat uns auch beim Beerenpflücken geholfen. *Carina*

Ich mag meinen Papa, weil er bei Sonnenschein mit mir und meiner Schwester schwimmen geht. Aber er mag es nicht, wenn ich Sachen kaufe, die ich nicht brauchen kann. Jede Woche bekomme ich von ihm 50 Schilling. Wenn ich ihm eine Frage stelle, antwortet er mir. Am Morgen vor der Schule macht er mir das Frühstück. Wenn ich etwas brauche, kauft er es mir. Wir gehen oft runter zum See und wieder zurück – natürlich mit dem Fahrrad. Er macht das

Nachmittagsessen. Er kocht meistens mein Lieblingsgericht: Nudeln mit Käse. Letzte Woche waren wir auf dem Berg. Es war einfach toll. Ich mag ihn so sehr! *Amela*

Ich und mein Papa gehen immer am Samstagmorgen Brot holen. Mein Papa und ich basteln gern. Manchmal geht mein Papa am Samstag in die Firma und da darf ich dann mit. Mein Papa macht fast immer einen Mittagsschlaf. Mein Papa geht jeden Donnerstag zur Oma essen. Bei schönem Wetter gehen mein Papa und ich Rad fahren. Mein Papa ist stolz auf mich beim Tennis. Mein Papa geht auch gern allein Rad fahren. Er mag gern Spaghetti und raucht nicht. *Tomi*

Mein Papa ist schon 57 Jahre alt. Er ist auch etwas kahlköpfig und er hat einen Bart. Sein Sternzeichen ist Stier. Mein Papa arbeitet in einer großen Firma. Er kontrolliert die Maschinen dort. Er gibt uns Taschengeld, so viel wir wollen. Er hat uns zehn Häuser in der Türkei gebaut. Er ist auch sehr nett zu uns. Oft bringt er uns in den Park. *Ali*

Mein Papa war sehr lieb, aber ich weiß nichts über ihn, weil er fast jeden Tag arbeiten musste. Das Einzige, was ich weiß, ist, dass er beim Militär und bei der Rettung mitgemacht hat. *Melanie*

Mein Papa steht um 7.00 oder 6.00 Uhr auf. Er hat einen Golf. Oft fährt er mit dem Fahrrad zur Arbeit. Mein Papa trinkt gern Bier und isst gern Pizza. Seine Lieblingsbeschäftigung ist es, vor dem Flimmerkasten zu hocken und Fußball anzuschauen. Mein Papa ist ein echter Schlafsack und eine wirkliche Wasserratte. *Cornelius*

Mein Papa hat dunkelblonde Haare und eine grüne Brille auf. Er arbeitet auswärts. Wenn ich Probleme habe, gibt er mir einen Rat, wie ich sie lösen kann, und das hilft auch meistens. Er ist immer für mich da, wenn ich etwas brauche oder wenn mir etwas am Herzen liegt. Mein Papa schreit nicht und ist nicht böse. Er ist nett und lieb. Am liebsten geht er in den Dachboden zu seinem Schreibtisch. Er sammelt Zeichnungen von mir und Kulis. Seine Hobbys sind Inlineskaten und Fahrrad fahren. Mein Papa ist musikalisch. Er spielt Klavier und Ziehharmonika. Er interessiert sich für Häfen und Fische. Er mag das Meer sehr gern und darum möchte er jeden Sommer dort Urlaub machen. *Mirjam*

Mein Papa arbeitet in einer Jausenstation. Er ist 46 Jahre alt. Baden ist er mit mir auch einmal gegangen. Er ist ein guter Taucher und ein guter Schwimmer. Er hat mir sogar noch ein Geschenk gekauft. Es ist wunderschön. Ich habe für meinen Papa auch etwas gemacht – eine Tischdecke. Leider habe ich vergessen, sie ihm zu geben. Aber wenn er wieder kommt, dann gebe ich sie ihm. Am Montagabend sind wir noch essen gegangen. Es war sehr gut. Zu Hause fütterte ich noch meinen Zwerghamster. Dann habe ich mein Nachthemd angezogen. Meine Mutter sagte zu mir: „Jetzt geht's ab ins Bett!“ Am nächsten Morgen rief meine Mutter meinen Vater an. Mein Vater kam am Abend wieder, er sagte: „Es tut mir Leid, dass ich erst so spät wiederkomme.“ *Nicole*

Beim Erwachsenwerden helfen

Kids mit vierzehn

Es ist eine für das Alter erstaunlich reife Klasse, die sich in den folgenden Texten zum Thema Vater äußert, eine 4. Klasse Hauptschule. Die Söhne und Töchter sind 14 Jahre alt. In seltener Klarheit formulieren Vierzehnjährige, worum es ihnen bei den Vätern geht. Die Texte sind prallvoll mit Erwartungen und Träumen – manche fragen nach ihrem Traumvater – und gleichzeitig voll mit der Wirklichkeit und einem erstaunlichen Verständnis für die eigenen, realen Väter. Befassen sie sich mit dem idealen Vater, könnte einem fast angst werden. Doch gleich darauf folgt der versöhnliche Blick auf den eigenen „nicht-idealen" Vater: „Ich mag meinen Vater so, wie er ist. Und ich glaube, dass er das genauso sieht." „Ich bin mit meinem Papa zufrieden und finde, dass er meistens richtig handelt." Die Betonung liegt auf dem „meistens" und so finden sie es auch in Ordnung. Sie brauchen keine perfekten oder idealen Väter, auch wenn sie sich mit dieser Frage beschäftigen, aber sie brauchen Väter, die greifbar sind.
Die Aussagen sind oft erstaunlich klar und tief, sehr reflektiert und geben einen vitalen Einblick in die Welt der Vierzehnjährigen. Vielleicht können nicht alle in diesem Alter die Dinge so verständlich auf den Punkt bringen, doch es sind die deutlich formulierten Wünsche der Kinder in diesem Alter. Manche Wunschlisten lesen sich wie ein Ratgeber für Väter und letztendlich sind es nicht nur klare und konkrete, sondern auch erfüllbare Wünsche: da sein, Zeit

haben, nicht abwerten, Grenzen setzen, nicht verwöhnen, Respekt zeigen, etwas unternehmen, zuhören und auch loslassen können. Humor und gemeinsamer Spaß sind ebenfalls Dinge, die ihnen das Leben erleichtern, das in diesem Alter schon schwer genug ist. Wieder kommen kochende Väter vor und wenn die Mütter berufstätig sind, schätzen es die Kids, wenn Papa auch einmal Wurstnudeln auf den Tisch bringt. Um fünfgängige Menüs, so wird extra betont, geht es ja nicht.
In einem Alter, in dem die Beziehung zum Vater nicht mehr von kindlichem Wohlklang geprägt ist, formulieren die Jugendlichen mit nahezu elementarer Wucht die Wichtigkeit ihrer Väter und ihre Liebe zu ihnen: „Ich könnte ohne meinen Vater nicht leben, denn ich bin ein Teil von ihm“, formuliert eine Tochter. Nach einigem Hin und Her kommt ein Sohn zum klaren Schluss: „Alles in allem habe ich meinen Vater sehr gern und würde ihn gegen keinen anderen in der Welt eintauschen. Ich hab ihn so lieb.“ Ein Leben ohne den eigenen Vater ist kaum vorstellbar. Bei den von Trennung Betroffenen klingt immer noch viel Sehnsucht durch und bei anderen im Hintergrund immer wieder die Angst vor Scheidung. Der eigene Vater ist und bleibt der eigene Vater. Daran kann ein Stiefvater ebenso wenig ändern wie alle Phantasien über Traumväter. Der klare, realistische und versöhnliche Blick dieser Jugendlichen könnte gerade verunsicherten Vätern Mut machen.

Ich suche schon lange einen Traumvater, habe ihn jedoch noch nicht gefunden. So stelle ich ihn mir vor: verständnisvoll, fürsorglich, lustig, gute Nerven, immer Zeit für die Familie, pflichtbewusst, seine Gefühle zeigen, mit ihm über alles reden können, hinter der Familie stehen, spontan usw. Ich glaube, dass sich hier niemand melden wird, weil es einfach unmöglich ist, das alles zu erfüllen. Mein Vater kann auch einige Dinge nicht erfüllen, aber wer ist schon perfekt. Den Vatertag sollte man mehr in den Vordergrund stellen, denn er ist in meinen Augen genauso wichtig wie der Muttertag. Väter leisten auf anderen Gebieten vieles. Ich finde, zu einer intakten Familie gehört auch ein Vater, sonst fehlt irgendetwas. Ich habe mich schon oft über meinen Vater geärgert, weil er sehr schlechte Nerven hat und deshalb sehr schnell wütend wird. Aber ich kann ganz klar sagen, dass ich ohne meinen Vater nicht gut leben könnte, denn ich bin ein Teil von ihm. *Angelika*

Ich könnte mir ein Leben ohne meinen Vater nicht vorstellen. Mein Vater ist ein Mensch, der sehr gut zuhören kann und der viel Wert auf die Meinung von anderen legt. Es freut ihn immer sehr, wenn ich meine eigene Meinung zu einem Thema habe und die auch vertrete. Was ich an meinem Vater ebenfalls sehr schätze, ist seine Art, wie er versucht, Probleme durch ausführliche Gespräche zu lösen. Bevor es für ein Problem keine Lösung gibt, mit der alle Beteiligten einverstanden sind, ist für ihn die Sache nicht abgeschlossen. Ebenfalls bewundernswert an meinem Vater ist, wie er immer versucht, alles möglichst genau und perfekt zu machen. Wichtig für meinen Vater ist, dass ich und meine Geschwister immer ehrlich zu ihm sind, egal was wir auf dem Herzen haben. Wenn ich ihm irgendetwas gestehe, was nicht ganz in Ordnung von mir war, reagiert er meistens sehr ruhig und nicht wie viele andere Väter, die gleich wegen jeder Kleinigkeit herumschreien.
Zum Schluss möchte ich noch allen Männern ein Lob aussprechen, die sich dafür entschieden haben,

ein Kind großzuziehen, und ihm beim Erwachsenwerden helfen. *Brigitte*

Ein guter Vater sollte nicht „nur“ arbeiten gehen, sondern auch den Kindern zuhören und lernen, sie zu verstehen. Er sollte einen Stolz auf seine Kinder haben, auch wenn sie manchmal bei etwas versagen. Ein guter Vater erkauft die Liebe seiner Kinder nicht und schaut, dass ihnen niemand das Herz zerbricht. Er sollte gute Nerven haben, Ruhe bewahren und nie schlagen. Ein guter Vater sollte „loslassen“ können, seinen Kindern ihre Freiheit gönnen. Er sollte immer für seine Kinder da sein und sie von ihren Sorgen und Problemen befreien. *Christine*

Ein Vater! Wie sollte er sein? Er sollte als Erstes verständnisvoll sein. Er sollte verstehen, wenn ich einmal richtig Scheiße baue. Er war ja schließlich auch mal jünger. Er sollte auch witzig sein, Witze machen können und einen Spaß mitmachen. Er sollte mir viel erlauben und sich nicht die ganze Zeit Sorgen machen um den Sohnemann. Er sollte nie das Bedürfnis haben, mit mir ins Kino zu gehen oder mit mir eine kleine Radtour zu machen. Das ist etwas, das ich nicht und nie möchte. Eine weitere Voraussetzung für einen guten Vater ist, dass er etwas kochen kann. Es muss ja nicht gleich ein fünfgängiges Menü sein, aber er sollte schon etwas auf den Tisch bringen. Er sollte nicht zu streng sein, aber er sollte mir auch nicht alles erlauben. Er sollte Grenzen setzen können. Er sollte mir meine eigene Meinung nicht nehmen. Ich möchte nicht so einen Langweiler als Vater, der immer nur so rumsitzt. Er sollte sich mit Computern auskennen, aber nicht wie so einer, der die ganze Zeit vor dem Computer sitzt. Er sollte nett sein, das ist wichtig. Das Äußere zählt nicht, das

Innere dafür umso mehr. Na ja, er sollte jetzt nicht gerade die ganze Zeit in Jogginghosen rumlaufen. Die Beschreibung trifft ja fast genau auf meinen Vater zu. Er ist zwar nicht perfekt, aber wer ist das schon? Ich mag meinen Vater so, wie er ist. Und ich glaube, dass er das genauso sieht. *Christoph*

Mein Vater ist nicht so einer, der sagt, ich sei ein Dummkopf und ich kann nichts so machen, wie er es gern hätte. Er ist auch nicht so, dass er mich immer in Schutz nimmt. Er liegt so zwischendrin und ich finde, dass es so genau richtig ist. In bestimmten Situationen nimmt er mich schon in Schutz, aber nicht immer, was ich auch richtig finde. Ich kann auch Sachen richtig machen, nicht so wie bei manch anderen Vätern. Ich weiß nicht, was ich machen würde, wenn ich nichts richtig machen könnte und er mich immer beschimpfen würde.
Mein Vater tut sicher alles für die Familie. Er kümmert sich gut um uns, ich hab noch zwei Brüder und eine super Mama. Er arbeitet oft den ganzen Tag, hat aber am Abend noch Zeit für ein kleines Spielchen. Das finde ich sehr wichtig. Der Vater meines Cousins arbeitet in meinen Augen viel zu viel und hat dann kaum noch Zeit für die Familie. Er nimmt sogar einen Laptop mit in den Urlaub, sodass er auch dort noch arbeiten kann, wenn er will. Es ist auch sehr wichtig, dass man zu Hause ein bisschen helfen muss und einem nicht alles nachgetragen wird. Er ist auch froh, wenn wir ihm bei Veranstaltungen helfen, er ist nämlich bei ziemlich vielen Vereinen dabei, und da gibt es viel zu tun. Ich finde es gut, dass er sich auch beim Kochen beteiligen kann. Er ist ein sehr guter Koch, kann zwar nicht mehrgängige Menüs, aber von Wurstnudeln bis zu Geschnetzeltem mit Reis kriegt er alles hin. Es ist ein großer Vorteil

für uns alle, weil meine Mama auch arbeiten muss und sie über Mittag nicht immer zu Hause ist und für uns kochen kann. Alles in allem habe ich meinen Vater sehr gern und würde ihn gegen keinen anderen auf der Welt eintauschen. Ich hab ihn so lieb.
Christoph

Eigentlich ist heutzutage nichts mehr „normal“. Es gibt Scheidungen, zerstrittene Familien, Witwen, Witwer und nur solche Sachen, anstatt glücklicher Familien. Ich selber lebe bei einer Pflegefamilie seit 13 Jahren. Meinen leiblichen Vater sehe ich nicht mehr so oft wie früher, was ich sehr schade finde, da ich mich sehr gut mit ihm verstehe. Mein Pflegevater ist zum Jugendamt gegangen, um meinen leiblichen Eltern zu verbieten, dass sie mich sehen dürfen, bloß, weil sie mich einmal gefragt haben, ob ich bei ihnen übernachten kann. Ich bin der Meinung, dass ein Vater sehr wichtig für eine Familie ist. Denn wenn ein Junge z. B. zu einem Fußballspiel will, bezweifle ich, dass die Mutter sehr gern mit ihm hingeht. Aber der Vater würde sich freuen, wenn sein Sohn mit ihm auf ein Spiel seiner Lieblingsmannschaft gehen würde. *Daniel*

Die schöne Nachricht schlägt ein wie ein Hammer: Man(n) wird Vater. Zuerst freut man sich, ist überrascht, aber dann kommen die Zweifel. Immer mehr der werdenden Väter kommen nicht mit der neuen Situation klar, verschwinden und lassen nichts mehr von sich hören. Das ist das Schlechteste, was man tun kann für die Frau und letztendlich auch für das Kind. Ich finde, ein guter Vater hat immer, in guten sowie in schlechten Zeiten, für sein Kind da zu sein, es zu lieben und es als einen Teil von sich selber anzusehen. Er sollte aber die Grenzen zwischen Lieben

und Verwöhnen beachten und er darf sich nie wegen seines Kindes schämen, oder es bloßstellen.
Mein Vater hat sich wahrscheinlich anfangs auch einige Fragen gestellt und zuerst an sich gezweifelt. Doch letztendlich hat er an sich geglaubt und ist jetzt der beste Vater, den ich mir vorstellen kann. Er hat seinen Teil in der Erziehung beigetragen und wird auch immer für mich da sein. Zur Zeit bin ich zwar in einer Phase, in der ich ihm auch meine Meinung zu einigen seiner Taten und Verbote sage. Das Tolle daran ist, dass er sie sich anhört und respektiert. Mein Vater macht zwar hin und wieder einmal Fehler, aber ich liebe ihn über alles und kann mir ein Leben ohne ihn nicht mehr vorstellen. *Dunja*

Ich nenne meinen Vater immer „Papa", außer wenn er mir nicht zuhört, dann spreche ich ihn mit dem Vornamen an. Wenn er im Urlaub ist oder auf Geschäftsreise, dann fehlt er mir. Als meine zwei Schwestern und ich noch klein waren, hat er mit uns immer herumgetobt und uns gekitzelt. Wenn mein Vater einmal sauer ist, dann versteht er trotzdem noch einen Witz. Doch wenn er sagt: „Fertig aus Amen", dann duldet er nichts mehr. Mein Vater sagt auch oft „Scheiß die Wand an". Das habe ich früher nie bemerkt, doch als ich meine Mutter danach gefragt habe, hat sie gesagt, dass er es früher auch immer gesagt hat. Mein Vater kann eigentlich fast alles wieder reparieren und man könnte bei ihm meinen, dass er fast alle Berufe gelernt hat. Er kocht auch öfters für uns.
Ich finde, zu einer perfekten Familie gehört ein Vater, denn wenn man keinen hat, dann fehlt irgendwie eine Person im Leben eines Kindes. Der Vater sollte auch einmal zu Hause sein und nicht immer fort, bis ihn seine Kinder nicht einmal mehr kennen. Man

sollte auch über Probleme reden können und er sollte einen verstehen. Väter haben es sicher nicht leicht mit ihren Kindern und ich denke, dass Mädchen meistens besser mit den Vätern auskommen. Doch wenn Jungen ihn im Moment nicht so mögen, sind wir alle doch seine Kinder und werden von ihm geliebt. *Elisabeth*

Alle Väter sind verschieden und doch sind alle gleich: Sie haben Kinder. Der eine ist mehr Papa oder mehr Vater oder mehr Freund. Das ist, wie wenn die Kinder dunkel, hell, schwarz oder blond sind. Etwas ist euch Vätern gewiss: Ihr werdet geliebt von euren Kindern. Manche hassen ihren Vater, sagen sie zumindest, obwohl sie ein Teil von ihm sind. Man ist mit ihnen verbunden, auch wenn es nur eine dünne Schnur ist. Richtig hassen kann man seinen Dad nicht, denn will man ihn töten, muss man auch sich selber töten. *Juliane*

Jedes Kind braucht einen Vater, weil es viel von ihm lernt. Darum ist es meiner Meinung nach sehr wichtig, dass der Vater probiert, sich seinem Kind gegenüber richtig zu verhalten. Als kleines Kind hab ich viel mit ihm unternommen und er hat immer Zeit für mich gehabt. In dieser Zeit habe ich sehr vieles von ihm gelernt. Jetzt bin ich schon 14 Jahre alt und ich will meine Ruhe haben und es ist sehr wichtig, dass ein Vater das akzeptiert. Ich bin jetzt viel lieber mit Kollegen zusammen als mit ihm und ich hoffe nur, dass er mir nicht böse ist, weil er gern etwas mit mir unternehmen möchte. Aber ich habe es ihm erklärt und ich hoffe, dass er mich nicht falsch verstanden hat.
Wenn ich einmal Vater bin, werde ich versuchen, viel mit meinem Kind zu unternehmen, vor allem mit

ihm in die Natur gehen und versuchen, dass es sich mit Tieren versteht. Im Moment will ich zwar nicht viel in die Natur, aber als ich klein war, hat es mir super gefallen. Wenn ich die heutigen Kinder betrachte, fällt mir auf, dass sie viel frecher sind, und ich glaube, dass es daran liegt, dass ihr Vater nicht viel mit ihnen unternimmt, ihnen daher langweilig ist und sie nicht wissen, was sie tun sollen. Es könnte aber auch daran liegen, dass sie, wenn sie mehr mit ihren Vätern zusammen wären, von ihnen gelernt hätten, dass sie nicht immer das tun können, was sie wollen. Viele Väter möchten auch nicht, wenn sie von der Arbeit nach Hause kommen, ihr Kind bestrafen, wenn es etwas falsch gemacht hat, weil sie meinen, dass es dann etwas Schlechtes von ihnen denkt. Ich bin aber der Meinung, dass ein Kind einmal Fernsehverbot braucht, weil es sonst meint, dass es tun kann, was es will. Väter sollten aber auf keinen Fall schlagen, weil die Kinder von ihnen dann sehr oft gewalttätig werden. Ich finde es auch nicht ganz korrekt, dass fünfjährige Kinder Computerspiele spielen, wo sie den Auftrag haben, andere Leute zu killen, weil so kleine Kinder das dann oft nachahmen und dadurch der Vater als Vorbild verschwindet. Meiner Meinung nach sollten Väter also mit kleinen Kindern viel unternehmen und sie, wenn sie älter sind, in Ruhe lassen.
Als Abschluss möchte ich allen, die diesen Aufsatz lesen, sagen, dass es Väter braucht und dass es nicht gut ist, wenn sich die Eltern scheiden lassen, weil ein Kind beide Elternteile braucht! *Marco*

Für mich persönlich sollte ein Vater witzig und humorvoll sein, aber auch nicht zu locker. Mein Vater ist zwar in manchen Dingen sehr, sehr altmodisch, aber dafür sonst ein „Spitzen-Daddy“. Er legt besonders Wert auf Pünktlichkeit, aber ist ansonsten gar nicht mal so streng. Auch in der Schule. Wenn ich einmal eine schlechte Note nach Hause bringe oder eine Strafe, schimpft er nicht gleich deswegen. Wahrscheinlich darum, weil er als Junge auch (manchmal) Mist gebaut hat und auch schon schlechte Noten nach Hause gebracht hat. Toll finde ich, dass er immer wieder von seinen Schulstreichen, oder was er angestellt hat, erzählt. Aber ich denke nicht, dass er mich dazu ermutigen will, auch Sachen anzustellen. In Sachen Kleidung ist es ihm eigentlich wurst, was er trägt, aber meine Mutter sucht das Richtige für ihn aus und zum Anprobieren muss er natürlich mitgehen, was ihm gar nicht gefällt. Super ist es, wenn meine Mutter mit mir schimpft und dann mein Vater dazukommt und natürlich zu mir hilft. Also helfen wir uns gegenseitig immer aus, wobei das meine Mutter unfair findet! Peinlich wird es dann, wenn ein Girl zu dir kommt und dein Vater zu Hause ist. Dann musst du dich meistens auf verzwickte Situationen einstellen. Ich selbst mag meinen „Daddy" sehr, sehr gern und würde ihn mit keinem auf der Welt tauschen. Er ist witzig, versteht viel Spaß und hat superstarke Nerven, was „Mann" heutzutage braucht. *Mathias*

Wenn man(n) Vater werden will – und er genau weiß, dass er nie für das Kind da sein kann, nie ein Kind großziehen kann, nie ein Kind lieben kann, und seine Freiheit zu sehr liebt, sollte er sich den Wunsch, Vater zu werden, schnellstens aus dem Kopf schlagen. Ein Kind, das nur bei der Mutter aufwächst, vermisst einen Vater. Ein Kind, das vom Vater nicht geliebt wird, wird das auch vermissen. Ein Vater ist ein guter Vater, wenn er sich für das Kind Zeit nehmen kann. Auch dem Kind etwas geduldig erklären und natürlich spielen und Spaß haben. Wenn das Kind größer wird, steht sicher nicht mehr nur spielen auf dem Programm, sondern reden. Mädchen reden eher mit der Mutter, Väter müssen aber keine Angst haben, auch mit ihnen zu reden. Ich habe ein gutes Verhältnis zu meinem Vater. Er ist sehr nett und erlaubt auch einiges. Bei ihm fühle ich mich auch geborgen. Ich würde meinen Vater nie eintauschen wollen! *Nadine*

Mein Vater ist ein toller Kerl, wenn ich ihn mehr sehen würde. Ich sehe meinen Vater vielleicht einmal in drei Monaten, ansonsten lebe ich mit meinem Stiefvater und mit meiner Mutter zusammen. Ich kann nicht sehr viel über meinen Vater sagen, weil ich ihn kaum kenne. Ich denke, dass mein Vater ein guter Mensch wäre. Mein Vater ist einer, der gern mit Kollegen zusammen ist und sehr gern mit dem Motorrad fährt. Er ist in einem Motorradklub. Dort ist er sehr gern und er arbeitet gern in einer Gruppe. Meinen Stiefvater nenne ich immer beim Vornamen, weil ich das nicht will, wenn man einen anderen Papa nennt. *Pascal*

Er ist einfach unersetzlich!

Töchter zwischen vierzehn und siebzehn

Das typisch männliche Verhalten vieler Väter widerspiegelt sich in den Geschichten der Töchter zwischen vierzehn und siebzehn. Es sind junge Frauen, auch wenn es die Väter vielleicht noch nicht so wahrhaben wollen. Immer wieder taucht die innere Verschlossenheit, das Schweigen der Väter auf. Diese haben Mühe im Umgang mit ihren Gefühlen und sind vermutlich auch unsicher im Umgang mit ihren frühreifen Töchtern. Dabei zeigen sich die Töchter, zumindest in diesen Texten, tatsächlich reifer, als es ihnen die Väter vermutlich zutrauen würden. Sie sind neugierig auf ihre Väter, auf ihr Leben, ihre Geschichte und ihre Gefühle, auch wenn sie damit oft abprallen: „Das Schlimmste ist, dass er nicht viel erzählt." „Ich möchte irgendwann über alles mit ihm reden können." „Ich hoffe, ich werde meinen Vater kennen lernen." Große Wünsche und tiefe Sehnsüchte nach dem Vater stecken hinter diesen Aussagen. Nicht wenige leiden an dieser „Väterkrankheit", wie eine junge Frau es formulierte: „Mein Vater kann mir gegenüber seine Gefühle nicht zeigen. Das finde ich sehr schade ... Wahrscheinlich ist das eine ‚Väterkrankheit'."

Wie ein Leitmotiv taucht hier wieder ein vertrautes Thema auf: die Väter, die zu viel arbeiten, die die Töchter kaum sehen, die abends spät nach Hause kommen, dann auch oft gestresst und gereizt sind. Das Thema kommt weniger als Angriff, sondern eher mit einer gewissen Traurigkeit. Sie kommen zu kurz und schlussendlich wollen sie nicht ausbaden müssen, was den Papa tagsüber geärgert und gestresst hat. Das eine oder andere Mal taucht da schon die Frage nach dem Sinn des Lebens auf. Sie würden gern mehr Zeit mit ihren Vätern verbringen, weil er auch für sie als Töchter sehr wichtig ist. Sie kennen ihn, wie er ist, manchmal sind sie ihm auch gar nicht unähnlich, und auf jeden Fall: Sie lieben ihren Dad. Diese Töchter suchen die Nähe und das Zusammenleben. Sie verstehen auch die stummen Liebesbezeugungen ihrer Väter: „Mein Vater liebt mich, auch wenn wir es uns nicht sagen, aber wir wissen und merken es!" Das Wichtigste ist, dass sich die Väter nicht zurückziehen. Vor dem männlichen Schneckenhaus sind sie ohnmächtig; dann schon lieber streiten, auch wenn einmal die Fetzen fliegen. Damit können auch Töchter leben, manche bleiben offensichtlich auch nicht viel schuldig und zudem „ist die Versöhnung meistens einmalig". Der Papa steigt mächtig in der Achtung, wenn er einmal Fehler eingestehen kann. Den unfehlbaren Alleswisser oder moralischen Oberlehrer kaufen sie ihm nicht mehr ab. Dafür sind sie bereits zu erfahren. Aber sie sind neugierig auf seine Geschichten, sein Leben, seine Vergangenheit. Sie sind fast außer sich, wenn Papa erzählt, denn schließlich haben sie ja gerade ihr eigenes Leben vor sich. Vielleicht könnte das Erzählen ein guter Weg für beide sein. Der Vater kann sich selber mitteilen, ohne dass er gleich zu ungeübten Gefühlsausbrüchen gezwungen ist, und die Kinder lernen auf diesem Weg einiges für ihr Leben. Und wenn den Vätern danach ist, dann dürfen sie ihre Töchter ruhig auch einmal in die Arme nehmen: „Es ist schön zu fühlen, wie man von ihm geliebt wird."

Mein Vater kommt oft spät nach Hause und dann arbeitet er noch oder sieht fern. Da hat er keine Zeit für uns und wir müssen Hausübungen machen. Dafür wird alles am Wochenende, am Sonntag nachgeholt. Er hat es gern, wenn wir alle etwas zusammen machen oder auch nur zusammensitzen und reden. Mein Vater sagt nicht oft, was er denkt und was er fühlt, aber wenn er gute Laune hat, öffnet er sich und erzählt oder gibt uns ein Stück von seinen Gedanken. In dem Punkt bin ich meinem Vater sehr ähnlich. Meine Erlebnisse in der Schule und so erzähle ich meiner Mutter, weil sie da ist. Ich dachte immer, meinen Vater interessiert das alles nicht, aber da habe ich mich getäuscht. Ich würde meinen Vater nie hergeben. Er sagt uns nie, dass er uns liebt oder so, er drückt es anders aus. Ich hoffe, ich werde in meinem Leben meinen Vater kennen lernen: seine Ängste und Gefühle, seine Sehnsucht und vieles mehr.

Mein Vater ist ziemlich streng und er mag Faulheit, Unordnung usw. überhaupt nicht. Mein Papa ist mein Papa und daran wird sich nie was ändern! Obwohl ich manchmal im Streit oder Zorn sage, dass ich ihn nicht als Papa möchte. Mein Dad war und ist mir ein guter Vater, obwohl wir manchmal streiten. Das Schlimme an ihm ist, dass er nicht viel erzählt (von seiner Kindheit usw.). Er ist kein so offener Mensch. Und damit komme ich nicht gut klar, weil ich ein offener und direkter Mensch bin. Mein Dad ist fleißig und wenn er etwas macht, dann macht er das genau. Dafür bewundere ich ihn. Ich hatte viele schöne Erlebnisse mit ihm. Traurige Erlebnisse sind, wenn ich mit ihm streite, weil er ziemlich stur ist und ich auch. Traurig war auch, als sein Vater, mein Opa, starb und ich ihm nicht irgendwie helfen konnte.

Ich bin 15 und meine Beziehung zu meinem Vater ist immer gleich geblieben – denke ich. Wir verstehen uns sehr gut, wobei es natürlich oft Meinungsverschiedenheiten gibt. Wenn wir diskutieren oder streiten, versucht er blöde Sprüche zu machen. Doch ich komme dann mit einem anderen Spruch und das machen wir dann so lange, bis wir anfangen zu lachen. Mein Vater hat immer Angst, mich an einen Jungen zu verlieren, auch wenn er es nicht direkt sagt. Wenn ich z. B. mit einem Jungen lerne, dann macht er immer so einen Spruch, dass wir Biologie lernen statt Mathe. Er versteht nicht, dass ich auch nur Kumpels haben kann. Einmal hat er es sogar zugegeben und gesagt: „Ich will halt nicht, dass ich dich verliere."

Mein Vater ist eine wichtige Person in meinem Leben. Man sagt ja: „Vater und Tochter kommen gut miteinander aus". Früher traf das auch zu. Doch heute gibt es viele Schwierigkeiten. Mein Vater kommt mir gereizt vor, wenn er von der Arbeit nach Hause kommt. Vielleicht liegt es an seinem Job, ich weiß es nicht. Wenn er dann zu Hause ist, wird er schnell wütend. Wir verstehen uns nicht mehr so gut. Vielleicht liegt es an meiner Pubertät oder es liegt an ihm. Ich will ihn jetzt nicht beschuldigen. Doch wenn es eine Zeit gibt, in der wir uns ein bisschen besser verstehen, dann finde ich es schön. Es hat sich vieles verändert. Wenn ich etwas von ihm brauche (z. B. Geld), dann frage ich ihn und er will es nicht verstehen. Mit ihm kann man nicht diskutieren. Er macht mich wütend und dann gehe ich weg vom Tisch. Ich hoffe, es kommt eine Zeit, in der wir uns wieder besser verstehen.

Mein Vater ist ein Mensch, den ich sehr schätze. Teilweise als sehr guten Freund, aber auch als Respektsperson. Das Verhältnis zu meinem Vater hat sich in den 15 Jahren sehr geändert. Früher war er heiß geliebt und ich habe ihn über alles gestellt. Nicht, weil er mich mit materiellen Dingen verwöhnt hat, sondern weil er mir und meinen Brüdern, aber auch meiner Mutter all seine Liebe geschenkt hat. Heute ist mein Vater ein Mensch, mit dem ich über alles reden kann. In vielem ist er mir ein Vorbild und manchmal ist er für mich wieder wie ein großer Bruder, der sich in Jugendthemen auskennt und mit dem man lachen und Spaß haben kann. Ebenso gibt es natürlich Sachen, die ich an ihm gar nicht mag, dort fliegen dann auch mal schnell die Fetzen, da ich sehr temperamentvoll bin. Doch die Versöhnung ist meistens einmalig! Ich kann es kaum sagen, wie wichtig mir mein Vater ist.

Mein Papa hat viele verschiedene Interessen, wie seine Harley Davidson oder seine Gitarre. Um mich hat er immer Angst, da ist er manchmal schon zu ängstlich. Ich habe viel Schönes mit ihm erlebt, es gab aber auch schlimme Ereignisse. Ab und zu ist er sehr streng. Das kommt dann auf die Situation drauf an, aber manchmal ist er auch nur streng, weil er keinen guten Tag hat. Hin und wieder ist er ziemlich dickköpfig und stur, aber meistens bekomme ich gegen Ende doch meinen Willen. Zum Schluss möchte ich noch sagen, dass mein Vater alles für mich und meine Schwester tun würde und uns immer beschützen würde. Er ist einfach unersetzlich!

Ich habe viele schöne Erlebnisse mit meiner Familie gehabt, mein Vater spielte dabei eine sehr wichtige Rolle. Er tut fast alles für seine Kinder und will sie immer beschützen. Ich kann aber mit ihm nicht so gut reden wie mit meiner Mutter, obwohl ich es noch nie ausprobiert habe. Jetzt hat sich die Situation sehr verändert. Er wohnt nicht mehr bei uns, aber nicht, weil sich meine Eltern scheiden lassen. Seit sieben Monaten habe ich ihn nicht gesehen. Ich vermisse unser Familienleben sehr und hatte immer ein gutes Zuhause. Mein Vater ist ein sehr wichtiger Mensch in meinem Leben und ich will ihn zurück!

Mein Vater diskutiert nicht gern, und wenn wir was angestellt haben, dann schickt er uns immer ins Zimmer, damit er das letzte Wort behält. Früher habe ich nicht viel mit ihm geredet und er auch nicht mit mir. Er ist eher verschlossen. Doch in letzter Zeit bemühe ich mich immer mehr, dass es klappt. Das Verhältnis ist schon viel besser geworden. Ich möchte irgendwann über alles mit ihm reden können. Was ich an meinem Vater schätze, ist, dass er mich und meine vier Schwestern nie schlagen würde. Er sagt es zwar nicht oft, aber ich weiß, dass er mich lieb hat und sich Sorgen macht. Was er nicht mag, ist, wenn ich oder meine Schwestern weinen, das kann er nicht sehen. Manchmal kommt es mir vor, dass er die jüngste Schwester bevorzugt, sie darf sich mehr erlauben. Das liegt aber vielleicht daran, dass er erst lernen musste, ein guter Vater zu sein. Ich habe ihn jedenfalls sehr gern, auch wenn er manchmal etwas zu ernst und steif ist.

Ich bin 14 Jahre alt und habe meinen echten Vater nie kennen gelernt, da er schon vor meiner Geburt gestorben ist. Ich finde das sehr traurig, denn ich hätte ihn gern gekannt. Jetzt habe ich einen Stiefvater, mit dem ich nicht gerade hervorragend auskomme. Trotzdem hätte ich lieber meinen richtigen Vater wieder. Ich weiß nur, dass ich ihm ähnlich sehe und viele Gesten mache, die er auch hatte.

Ich kann mich nicht mehr genau erinnern, wie das Verhältnis zu meinem Vater früher war. Hängen geblieben sind einige tolle Abenteuer, wie zum Beispiel unsere Familienausflüge, die immer irgendwie spannend wurden. Oder aufregend waren immer seine Geschichten von früher. Was sich aber bis heute nicht geändert hat, ist, dass wir beide Sturköpfe sind und uns öfters mal in die Haare geraten, was immer damit endet, dass ich eine totale Wut habe, weil er es eben immer besser wissen muss. Dann gehe ich irgendwohin, wo ich allein sein kann, und nach einer Weile ist alles wieder in Ordnung. Was ich sicher ein wenig von ihm geerbt habe, ist die Fähigkeit zu schauspielern. Und wenn dann wieder einer dieser Momente da ist, an denen wir irgendwie blödeln, dann habe ich oft das Gefühl, dass wir uns am nächsten sind. Wenn es darum geht, ob ich am Abend ausgehen darf, dann gehe ich nie zu ihm, weil ich immer alles genau erklären muss, und es endet doch oft darin, dass ich nicht gehen darf. Wenn wir gerade beide einen schlechten Tag haben, lassen wir uns gegenseitig besser in Ruhe, da es sowieso nur Zoff gibt – und bei solchen Sturköpfen ... Aber im Großen und Ganzen habe ich ein recht gutes Verhältnis zu ihm, und auch wenn ich ihn manchmal „hasse“, bin ich froh um ihn.

Mein Vater ist mir sehr wichtig. Ich weiß nicht, ob er mir wichtiger als meine Mutter ist, aber er ist mir unbeschreibbar wichtig. Er ist die Person von meinen Eltern, zu der ich gehe, wenn ich etwas will, denn ihn kann ich viel besser um den Finger wickeln. Ich habe das Gefühl, dass er alles kann und schafft, wenn er es nur will. Er hat so viel Erfahrung und schon so viel erlebt in seinem Leben. Ob Leid oder Freude. Er kann von seiner Vergangenheit Geschichten erzählen und sehr viel gute Ratschläge geben. Er ist einfach eine Person, wie ich sein möchte. Wenn ich Hilfe brauche, gehe ich zuerst zu ihm, denn irgendwie weiß er auf alles eine Antwort. Ich weiß, dass ich jetzt von meinem Vater wie von einem Gott rede, aber das ist er beinahe für mich. Er ist irgendwie immer gut gelaunt und steckt alle mit seiner guten Laune an. Außer dass er ein wenig eine andere Einstellung zu manchen Sachen hat, sind wir uns in vielem einig. Er ist einfach ein super Mensch, und ich denke, man kann sich nur so einen Vater, wie ich habe, wünschen.

Er hat es gern leise, darum sollten wir nicht, wenn er nach Hause kommt, laut sein oder streiten. Er muss immer Recht haben und daher sollte man mit ihm eigentlich nicht über etwas diskutieren. Als ich klein war, haben wir uns nicht so viel gesehen, da er sehr viel arbeiten musste, und wir vermissen beide diese versäumte Zeit. Dafür unternehmen wir jetzt zusammen mehr. Was ich an ihm schätze: Er würde uns Kinder nie schlagen, obwohl er hin und wieder ziemlich laut werden kann. Trotzdem hat er uns alle ganz lieb. Manchmal jedoch glaube ich, dass meine Schwester ein bisschen bevorzugt wird, da er bei ihr keine Zeit versäumen möchte. Ich habe meinen Vater jedenfalls ganz doll lieb, so wie er ist, auch wenn er eher alles negativ sieht und immer das Schlimmste denkt.

Als Erwachsener ist mein Vater ein Vorbild für mich. Er ist hilfsbereit, sehr gerecht, nett, lieb, ehrlich, immer für einen da und man kann mit ihm zu jeder Zeit über wirklich alles reden. Er gibt mir alles, was ein Kind braucht zum Erwachsenwerden: Liebe, Zuneigung, Geborgenheit u.v.m. Ich weiß, dass ich sein

„Ein und Alles“ bin, vor allem weil ich keine Geschwister habe. Er bemüht sich sehr um mich und nimmt Rücksicht. Er macht sich Gedanken, wenn ich ihm zum Beispiel sage, dass er nach einem Nachtdienst sehr streng, sagen wir, strenger als sonst war. Dann sagt er mir, dass er es nicht absichtlich tue und sich bessere und dass er auch nach einem langen Dienst wie immer sein will. Ich muss auch dazu sagen, dass er sich wirklich geändert hat. Er zeigt mir damit, wie viel ich ihm bedeute. Es ist schön zu fühlen, wie man von ihm geliebt wird oder auch in die Arme genommen wird und somit seine Nähe fühlt. Ich muss zugeben, dass ich wirklich froh und überglücklich bin, einen solchen lieben Papa zu haben. Ich habe ihn über alles lieb, möchte ihn nie verlieren und hoffe, dass wir noch viele schöne Zeiten erleben können, aber dass auch alles so bleibt, wie es bis jetzt war.

Mein Vater liebt mich, auch wenn wir es uns nicht sagen, aber wir wissen und merken es! Wenn ich Liebeskummer habe, versucht er mich zu trösten. Er ist sehr liebevoll. Obwohl ich schon 15 bin, bin ich für ihn wohl immer noch das kleine Mädchen von früher. Das merke ich vor allem, wenn er mich immer noch „Kleine“ oder so nennt. Früher wanderten wir viel zusammen, heute gehe ich nicht mehr mit. Er erklärte mir dann immer, wie die verschiedensten Berge heißen, und er fragte auch immer wieder nach. Ich glaube, er wollte mir einfach ein bisschen geografisches Wissen vermitteln. Als ich noch ein kleines Mädchen war, spielte er oft mit mir. Auch heute noch ist er es, mit dem ich Karten oder Badminton spiele. Mein Vater ist eine wahnsinnige Sportskanone, aber meine große Schwester und ich waren ihm immer wichtiger und das haben wir auch gemerkt!

Eigentlich habe ich eine bessere Beziehung zu meiner Mutter. Mein Vater arbeitet zu viel. Dann ist er oft gestresst, hört mir nicht zu und regt sich schnell über etwas auf. Er hat immer die Arbeit im Kopf und geht nicht gern in Urlaub. Ich streite oft mit ihm, meistens wegen Kleinigkeiten. Wenn er meint, ich würde zu viel reden, wie ein Radio, dann endet es im Streit. Früher bin ich mit ihm besser ausgekommen. Er unternimmt aber auch viel mit meiner Familie, ob wohl er manchmal keine Lust hat (besonders einkaufen).

Im Grunde genommen ist mein Vater wirklich o. k. Er ist ein ruhiger Mensch und hat oft mehr Verständnis als meine Mutter. Doch er hat auch gewisse Grundprinzipien. Zum Beispiel hat er eine ziemlich strenge Erziehung. Er lässt mich abends nicht ausgehen, aber ich denke mir, dass er das aus Angst um mich macht. Mein Vater ist oft auch sehr wichtig. Am Sonntag, wenn wir frühstücken, macht er so lange Witze, bis ich halbtot vor Lachen auf dem Boden liege. Aber manchmal macht er meine Mutter wütend mit den Witzen, weil sie ein ziemlicher Morgenmuffel ist. Ich finde es schön, wie mein Vater mit Menschen umgeht – er hat da so seine ganz eigene Art. Manchmal denke ich mir, dass mein Vater ein trauriger Mensch ist, weil meine Mutter immer sehr viel Freundinnen einlädt und mein Vater eigentlich nie. Aber er spielt in einem Verein Fußball und dort hat er sicherlich einige Freunde. Wenn ich Probleme habe, dann gehe ich damit zu meinem Vater, denn er nimmt das Ganze ruhig auf und zeigt viel Verständnis. Ja, mein Vater ist ein guter Mensch und ich hab ihn lieb. Er ist eine ziemlich wichtige Person in meinem Leben.

Da ich in meiner Familie die Jüngste bin, war ich früher immer „s' Schätzle" von meinem Vater. Später folgten einige Jahre, in denen wir uns oft zankten und er meine Gefühle absolut nicht verstand. Heute komme ich gut mit ihm klar. Ich kann mit ihm über dies und jenes sprechen, aber keine „peinlichen" Gespräche führen. Mein Vater kann mir gegenüber nicht seine Gefühle zeigen. Das finde ich sehr schade, weil es so manche Situation erleichtern würde. Mit diesem Problem steht er aber nicht allein. Wahrscheinlich ist das eine „Väterkrankheit". Mein Vater interessiert sich sehr für Autos, deshalb kam es mir oft so vor, als hätte er lieber noch einen Sohn gehabt, der dieses Interesse mit ihm teilt. In vielen Stunden tat es mir Leid, dass ich mich nicht für sein Hobby interessiere. Meiner Meinung nach nahm sich mein Vater früher wenig Zeit, um mit uns herumzutollen.

Mein Vater arbeitet immer sehr viel und nimmt sich keine Zeit für die Familie. Ich weiß nicht richtig, was ihn glücklich macht in seinem Leben, da er die Tage nur an sich vorbeileben lässt und einfach dahinlebt. Wenn wir ihn darauf ansprechen, hat er nur wieder Ausreden und will nichts ändern. Weiter kann ich nicht verstehen, dass er sich für sich selbst und uns keine Zeit nimmt, da das Zusammenleben ja das Schönste in unserem Leben ist. Ich habe ihn noch nie gefragt, was für ihn der Sinn des Lebens ist, und ich weiß auch nicht, was er antworten würde. Ich hoffe, er findet einmal den richtigen Weg zu sich und seiner Familie, und dass Arbeit nicht das Wichtigste im Leben ist.

Der Vater ist die Mutter des Charakters des Sohnes

Handwerksburschen zwischen sechzehn und neunzehn

Hier kommen Söhne zu Wort im Alter zwischen 16 und 19 Jahren, die eine Lehre in typisch männlichen Handwerksberufen absolvieren; größtenteils sind es Mechaniker und Installateure. Es sind gestandene Burschen, coole Typen, die schon berufliche Verantwortung tragen und in den Betrieben ihren Mann stellen müssen. Es sind Kerle, die es gewohnt sind zuzupacken, nicht unbedingt junge Männer der vielen Worte. Und trotzdem – es kommt heraus aus ihnen, kurz und knapp meistens, ohne langes Herumreden, dafür umso direkter; vielleicht sogar ehrlicher. Sie erzählen durchwegs Geschichten, manchmal längere und manchmal nur in zwei Sätzen, aber sie erzählen sie präzise und lassen nicht aus, worauf es ankommt. Viele von ihnen wählten die literarische Fiktion: „Es war einmal ...", ein Schild, mit dem sie sich selber schützen, um dahinter spürbar ihre Realität folgen zu lassen.

Mögen sie äußerlich noch so männlich-cool wirken, so blicken sie doch fast wie gebannt auf den Vater: Was sagt er zu mir? Was hält er von mir? Nimmt er mich wahr? Sieht er, was ich tue? Ist er zufrieden mit mir? Quer durch die Geschichten zieht sich die tiefe Sehnsucht nach Anerkennung und Bestätigung durch den Vater und sie zeigen die Folgen der ausbleibenden Anerkennung, den Schmerz, vom eigenen Vater nicht einmal wahrgenommen zu werden. Der Vater ist es, vom dem sie die Bestätigung in ihrer

Männlichkeit erhoffen, was eine nochmals andere Qualität hat als die mütterliche Bewunderung. Der Stolz des Vaters auf den Sohn ist vielleicht das eigentliche männliche Lebenselixier. Die Zauberformel wäre ganz einfach, sie lautet: „Das hast du gut gemacht, Sohn!“

Vom Vater geliebt und respektiert zu werden, von ihm wahrgenommen und bestätigt zu werden, ist die eine Seite. Andererseits, auch wenn sie es nicht immer deutlich aussprechen, sind sie gern stolz auf ihren Vater. Dann nehmen sie ihn zum Vorbild, an dem sie sich auf ihrem Weg orientieren können. Dafür muss der Vater alles andere als auf jung machen, nur möchten sie sich auf ihn verlassen können. Sie brauchen ihn nicht als Kindermädchen, dafür sind sie zu alt und zu selbstständig, doch sie brauchen ihn vielleicht gerade dann, „wenn man tief in der Scheiße sitzt“. Sie wissen, dass sie Fehler machen, doch besser als nichts zu wagen, ist das Gefühl, im Notfall noch einen Vater hinter sich zu haben.

Immer wieder finden sich in den Geschichten Elemente männlicher Initiation: das erste Bier, mit dem Auto fahren dürfen, den ersten großen Fisch fangen, selber einmal die Motorsäge ansetzen dürfen. Es ist der Wunsch an den Vater, wichtige Dinge erklärt zu bekommen, an seiner männlichen Welt teilhaben zu dürfen. Auch darin wiederholt sich der Wunsch, vom Vater als Mann bestätigt zu werden. Fehlt diese Bestätigung, bleiben manchmal tiefe Wunden, wie es die tragischen Geschichten mit Alkoholismus, Arbeitslosigkeit oder Trennung durchklingen lassen.

Viele der Geschichten sind ‚stumme Liebesgeschichten‘ zwischen Vätern und Söhnen: „Obwohl sie es sich nie sagten, wussten sie, dass sie das beste Team der Welt waren.“ Manche der sprachlosen Geschichten zeugen von einem unausgesprochenen Verständnis, von einfachen Gesten („Ich durfte das Auto fahren“), deren Bedeutung doch beiden klar ist. Sie sprechen es oft nicht aus, aber sie wissen es voneinander oder zeigen es sich in anderer Weise. Dazu gehören ebenso die Geschichten von Streit und ritueller Versöhnung, Beispiele vielleicht von einer männlichen Konfliktkultur. Wo das sprachlose Einverständnis da ist, ist es auch für die Söhne gut. Andere Geschichten verdeutlichen hingegen, dass es manchmal doch besser wäre, die schweigsamen Väter würden etwas mehr aus sich herausgehen, den Söhnen deutlicher zeigen, dass sie sie lieben, und zwar nicht erst auf dem Sterbebett: „Aber als er auf dem Sterbebett lag, sagte er es zu mir. Das war ein sehr schönes Erlebnis.“ Die Söhne warten darauf – es ist für sie wichtig und es tut ihnen gut auf ihrem Weg zum Mannsein.

Vater und Sohn trafen sich jeden Morgen in der Küche beim Kaffee und lasen die Zeitung. Wie jeden Morgen musste der Sohn früher zur Arbeit. Die wenigen Worte, die man so wechselte, waren immer die gleichen. Am Abend wiederholte sich die Prozedur. Doch am Wochenende kannte man die beiden nicht mehr. Die sich sonst so fremd schienen, waren plötzlich wie Brüder und unternahmen viel miteinander.

Es war ein Vater und ein Sohn. Einmal forderte er den Sohn auf, mit ihm ein Bier zu trinken. Das war das erste Mal. Für den Sohn war das ein großer Moment.

Es war einmal ein Vater und ein Sohn. Der Vater wurde 40 und der Sohn wusste einfach nicht, was er ihm zum Geburtstag schenken sollte, denn er hatte kein Geld für Geschenke. Da machte er sich auf den Weg und wanderte zum Meer. Er ging zwei Tage hin und zwei Tage zurück und brachte ihm eine Hand voll Sand. Der Vater war sehr gerührt über den schönen roten Sand und sagte: „Aber es war doch so ein weiter Weg bis zum Meer!“ Doch der Sohn antwortete: „Aber Vater! Der Weg ist Teil meines Geschenkes!“

Es war einmal ein Vater, der immer zu seinem Sohn sagte, dass er dumm sei. Darum wurde der Sohn auch dumm und blieb das bis zu seinem Tode.

Es war einmal ein Vater, der hatte einen Sohn. Er liebte ihn über alles. Das Problem war nur, dass er den Sohn nie lobte, sondern ihm immer nur sagte, was er falsch gemacht hatte. So kam es dazu, dass sich der Sohn immer mehr von seinem Vater abwendete. Er merkte nicht, dass der Vater einfach keinen Mut dazu hatte.

Es war einmal ein Sohn, der mit seinem Vater nie so gut auskam, wie er wollte. Er gab ihm nie das Gefühl, dass er ihn liebte. Aber als er auf dem Sterbebett lag, sagte er es zu mir. Das war ein sehr schönes Erlebnis.

Ich kenne meinen Vater nicht, weil er meine Mutter, nachdem er sie geschwängert hatte, sofort verlassen hat. Aber das hat mich nicht besonders gestört, weil er jahrelang Alimente zahlen musste, und wir ihn ausnahmen wie eine Weihnachtsgans.

Meine traurigste Geschichte war, als ich von den Ärzten erfuhr, dass mein Vater gestorben ist. Ich denke heute noch viel an ihn und vermisse ihn sehr.

An einem schönen Tag fragte mich mein Vater, ob ich ihm nicht helfen wollte, die Alphütte von meinem Opa zu renovieren. Während der Arbeit haben wir dann fürchterlich gestritten. Beim Heimfahren, wir waren beide verärgert, blieb er auf einmal stehen, stieg aus, machte die Beifahrertür auf und sagte: „Rutsch rüber!" Ich durfte das Auto fahren. Das war ein gutes Zeichen der Versöhnung. Wir haben uns den Rest der Fahrt gut unterhalten.

Es war einmal ein Sohn, der hatte den besten Vater der Welt. Obwohl sie es sich nie sagten, wussten sie, dass sie das beste Team der Welt waren.

Der Vater ist die Mutter des Charakters des Sohnes! Der Sohn ist die Zukunft des Vaters! Väter, lobt eure Söhne, egal was sie tun! Fördert unsere und eure Zukunft. Die Zukunft liegt in der Vergangenheit.

Es war einmal ein Vater, der mit seinem Sohn nie etwas unternahm. Alle anderen Kinder lachten ihn aus wegen seinem Vater. Der Vater versprach ihm immer nur, er würde etwas unternehmen, tat es aber nie, denn er soff sich jeden Abend voll zu. Plötzlich wendete sich alles. Zum 18. Geburtstag soff der Sohn ein paar Bier mit …

Es war einmal ein Vater und ein Sohn. Die beiden stritten Tag für Tag. Sie sind jedoch auch wie die zwei besten Freunde. Eines Tages half der Sohn dem Vater beim Bodenlegen. Der Sohn konnte dem Vater nichts recht machen und er schrie mit dem Sohn die ganze Zeit nur herum. Nach ein paar Minuten waren sie jedoch wieder die zwei besten Freunde und waren schon wieder am Blödeln. Der Sohn kam mit der Mutter besser aus und stritt eigentlich nie. Doch für den Sohn war der Vater wichtiger und das Vorbild. Der Sohn könnte nie ohne Vater leben. Der Vater ist einfach alles für ihn.

Ich verdanke ihm mein Leben. Und was ist kostbarer als das Leben selbst?

Der Vater sollte für einen Jungen ein Vorbild sein. Er sollte dem Sohn über die Pubertät hinweghelfen, das heißt: er sollte ihn aufklären über die verschiedenen Dinge der Liebe.

An einem wunderschönen Samstag beschlossen mein Vater und ich, holzen zu gehen. Wir mussten zwei bis drei Tannen umsägen. Mein Vater hat mir erklärt, wie genau man einen Baum wählt, warum man gerade hier hineinsägt und wo man ihn hinfallen lässt. Leider ist einer nicht so gefallen, wie wir wollten. Er blieb an einer anderen Tanne hängen. Mit Teamwork haben wir sie dann aber doch auf den Boden gebracht. Am Mittag durfte ich dann ein Feuer machen und wir grillten Würste und machten eine Pause. Am Nachmittag sägten wir die Baumstämme zusammen. Dabei hat mir mein Vater erklärt, wie man mit der Motorsäge umgeht, und ich durfte einige Male sägen. Dann haben wir die Holzstücke auf einen Haufen geworfen und sind zum Auto spaziert. Zum krönenden Abschluss durfte ich aus dem Wald nach Hause fahren.

Mein Vater und ich fuhren letzten Sommer in die Ostsee, um zu fischen. Mein Vater war stolz auf mich, dass ich überhaupt mitgegangen bin, weil ich eigentlich nicht gern zwölf Stunden im Auto hocke und so weit fahre. Als wir dort ankamen, trafen wir unseren anderen Kollegen und begrüßten ihn. Wir nahmen unser Gepäck und gingen an Bord. Ich war das erste Mal dabei und war schon richtig nervös auf den ersten Fisch. Am nächsten Morgen fuhren wir auf die hohe See. Gleich am ersten Tag fing ich zwanzig Fische à 70 cm und Vater lächelte mich am Abend an. Da wusste ich, dass er stolz auf mich war. Bevor ich schlafen ging, sagte ich zu meinem Vater, dass ich den größten Fisch fangen werde auf diesem Boot. Mein Vater probierte das Gleiche, weil es am Schluss einen Pokal geben würde. Am nächsten Morgen fing ich einen Fisch von eineinhalb Metern. Mein Vater sagte: „Das hast du gut gemacht, Sohn!" Eine Stunde später fing mein Vater einen Fisch von 1,20 Metern. Ich ging zu meinem Vater und half ihm den Fisch zu filetieren. Er war ganz stolz auf mich und wir teilten uns den Pokal.

Diese Geschichte erzählt von mir und meinen Gefühlen zu meinem Vater. Mein Vater, den ich nicht gerade gut kannte, ist schon seit gut elf Jahren tot. Seit ich sechs Jahre alt war, habe ich keinen Vater mehr. Das war nicht gerade leicht. Ich habe mir schon oft gedacht, wenn ich jemanden mit seinem Vater sah, dass es sehr unfair ist, dass ich keinen habe und die anderen schon. Früher war es sehr schwer für mich. Auch heute noch gibt es Tage, an denen ich viel über meinen Vater nachdenke, und ich stelle mir immer dieselben Fragen: Wie war er? Was war er für ein Typ? Hatte er mich gern? Und viele Fragen mehr. Oftmals wäre ich froh, wenn ich einen Vater hätte, mit dem ich Spaß haben und reden könnte. Denn in vielen Dingen redet man nicht gern mit der Mutter oder mit Freunden. Da wäre mir ein Vater sehr recht.
Was ich noch sagen möchte, ist, dass jeder, der einen Vater hat und denkt: „So ein Arschloch" oder ande-

res, sich einmal überlegen und sich denken sollte, was wäre, wenn er nicht mehr hier wäre.

Es war einmal ein Vater und ein Sohn. Der Vater versuchte das Beste aus seinem Sohn zu machen. Er ging mit seinem Sohn fischen und wandern. Doch als der Sohn älter wurde, verbrachte er fast keine Zeit mehr mit seinem Vater. Der Vater interessierte sich auch nicht mehr für seinen Sohn. Als der Sohn wieder einmal mit seinem Vater am Tisch saß, beichtete er ihm, dass er drogensüchtig sei. Der Vater war erbost und setzte ihn auf die Straße.

Es war einmal ein Vater und ein Sohn. Der Vater soff – und starb.

Es war einmal ein Vater, der nie mit seinem Sohn sprach. Sein Sohn wuchs dadurch mit einem Vater auf, aber er wusste nichts über ihn und seine Einstellung zum Leben. In 18 Jahren sprachen sie nie über ihre Gefühle. Dann kam der Sohn in ein Alter, da er alles anfing zu verstehen. Ihm wurden von überall Geschichten von seinem Vater erzählt, die ihn sehr beeindruckten. Durch diese Geschichten und seine eigene Lebenserfahrung konnte er seinen Vater recht gut verstehen. Es ist oft einfach besser, weniger oder nichts zu sagen, als zu viel zu sagen. Der Vater hat mit seinem Verhalten: „Nicht reden, einfach nur da sein“ mehr erreicht als andere umgekehrt. Er stellte den Sohn von Anfang an auf seine eigenen Füße. Er musste seine Erfahrung selbst erleben.

Es war einmal ein Sohn, der täglich mit seinem Vater stritt. Der Sohn fühlte sich von seinem Vater nicht respektiert und nicht geliebt. Dem Sohn fehlte aber die

Liebe. Er traute sich aber nicht, mit seinem Vater darüber zu reden. Dem Vater war nicht bewusst, dass dies seinen Sohn belastete, und er zeigte ihm die kalte Schulter.

Mein Vater war bisher immer stolz auf mich oder zumindest zufrieden mit mir gewesen. Auf jeden Fall ist er immer hinter mir gestanden, wenn ich Mist gebaut habe. Doch in letzter Zeit habe ich seine Geduld und sein Vertrauen missbraucht. Vor allem seit Silvester, da haben ich und noch ein paar andere eine Anzeige wegen Körperverletzung bekommen. Seitdem bin ich bei ihm fast, aber eben nur fast unten durch. Im Moment setze ich alles daran, wieder eine halbwegs vernünftige Beziehung zu ihm aufzubauen, und ich denke, es klappt auch.

Ich möchte genau so wie mein Vater sein, wenn ich Kinder habe.

Mein Vater war, glaube ich, nur so lange auf mich stolz, bis ich aufhörte, Fußball zu spielen. Und das nur, weil er einmal zu den besten Spielern hier gehörte. Aber andererseits, denke ich, ist er zufrieden, dass ich eine Arbeit habe und dass ich nicht alles hängen lasse.

Es war ein Vater, der sich mit seinem Sohn nicht im mer gut verstand. Der Grund: Er hatte keine Arbeit mehr.

Es war einmal ein Vater, der kümmerte sich nicht um seinen Sohn. Er redete nicht mit ihm und unternahm auch nichts mit ihm. Nur sein Onkel ging mit ihm weg und sprach mit ihm. Nur er liebte ihn. Der Vater war Alkoholiker. Er war nie zu Hause und saß immer in Lokalen und soff. Der Sohn musste allein lernen. Wenn die Mutter nicht zu Hause war, musste er sich um alles kümmern.

Es war einmal ein Vater, der seine Generation über alles liebte. Deshalb lebte er auch viele Jahre nach dieser Zeit das Leben eines Hippie. Sein Sohn fand das ziemlich cool, denn keiner seiner Freunde hatte jemals das Vergnügen, eine Wasserpfeife mit einem Elternteil zu rauchen. Der Vater versuchte seinem Sohn mit guten Ratschlägen zu helfen. Er zwang ihm nie etwas auf, sondern ließ ihn frei entscheiden. Auch als der Sohn sich entschied, ohne „Drogen" zu leben, akzeptierte er dies. So führen sie heute noch eine gute Beziehung. Peace!

Ich finde, ein Vater sollte das Vorbild für seinen Sohn sein. Er sollte verantwortungsbewusst sein und sich altersgerecht kleiden. Er sollte eine sportliche Veranlagung haben und mit seinen Kindern oder seinem Sohn etwas unternehmen. Jedenfalls darf er keine Pfeife sein und den ganzen Tag Fernsehen glotzen. Ein Vater sollte sich im Klaren sein, wann ihn seine Kinder am meisten brauchen: nämlich dann, wenn man tief in der Scheiße sitzt. Ein Vater hat seinen Sohn bestmöglich zu unterstützen, egal in welchen Bereichen!

Der Vater und der Sohn gingen ins Schwimmbad. Der Vater sprang vom Drei-Meter-Turm. Der Sohn war stolz auf ihn.

Es war einmal vor einigen Jahren, als ein Vater im Kreißsaal auf seinen neugeborenen Sohn wartete. Er war sehr stolz auf seinen Sohn. Denn es war ein Sohn. Auch nach zwei Jahren war der Vater sehr stolz auf seinen Sohn und kümmerte sich sehr um ihn. Doch als der Sohn sechs Jahre alt war, starb die Mutter. Das veränderte alles im Leben des Sohnes und im Leben des Vaters. Der Strick in der Vater-Sohn-Beziehung knüpfte sich immer enger. Sie gingen zusammen angeln, fuhren in Urlaub, kauften sich einen Hund und bauten eine Hütte für ihre Hasen, Ziegen und all die anderen Tiere. Sie hatten zusammen viel Spaß, aber trotzdem war es nicht mehr das Gleiche wie früher, als die Mutter noch lebte. Die Jahre vergingen und der Sohn baute so einigen Scheiß. Der Vater war trotzdem stolz auf ihn. Doch ab dem 15. Lebensjahr änderte sich nochmals alles in seinem Leben. In einer Nacht hörte er ein lautes Geräusch. Es war sein Vater. Er bekam keine Luft mehr. Der Sohn rief die Rettung, doch es war zu spät für seinen Vater. Er starb in den Armen des Sohnes. Es schien dem Sohn, als würde der ganze Himmel herunterbrechen.

Zum Glück hatte er noch mehrere Geschwister, die älter waren als er. Die Geschwister nahmen den Jüngsten auf, aber es war nicht dasselbe. Der Sohn kämpfte weiter, aber er hatte die ersten zwei Jahre keine Übersicht mehr über sein Leben. Doch jetzt ist er 19 Jahre alt, hat einen Beruf, viele Freunde und Hobbys. Er hat es geschafft und hofft auf ein schönes Leben. Er hat erkannt, dass das Leben oftmals grausam ist.

Ich wünsche auch meinem Kind so einen Vater

Weibliche Lehrlinge zwischen fünfzehn und neunzehn

Junge Frauen, die eine kaufmännische Lehre in noch typischen Frauenberufen absolvieren, über ihre Väter: Neben geglückten Beziehungen („Ich hab meinen Vater ganz, ganz lieb!“), die deshalb nicht immer konfliktlos sein müssen („Er ist ab und zu nervig, aber trotzdem habe ich ihn lieb“), stehen auch Geschichten der Entfremdung („Ich habe keinen Vater in meinen Augen“). Doch schwingt in diesen viel Trauer und Enttäuschung mit bis hin zur Resignation („Ich finde, man braucht nicht unbedingt einen Vater“). Die Sehnsucht ist groß, auch wenn sie sich manchmal nur noch in Trotz äußert.
Es tut den Töchtern gut, wenn der Vater „ein Teil in ihrem Leben“ ist, wenn sie mit ihm blödeln können, wenn er sie zum Lachen bringt und aufmuntert, wenn sie mit ihm streiten und sich auf ihn aber ebenso verlassen können, wenn er für sie da ist, gerade auch in Schwierigkeiten, wenn er zu ihnen hält, wenn es einmal Probleme gibt. Dafür müssen die Väter aber nicht nur präsent sein und Zeit haben, sondern auch den Mut, sich den Problemen der Familie und der eigenen Tochter zu stellen. Es gibt Männer, die im Beruf souverän alles meistern, im Bereich der Familie aber die Problemflucht antreten („Mein Vater sollte, wenn es Probleme gibt, nicht einfach abhauen, sondern mit Reden das Problem lösen“), hilflos allem aus dem Weg gehen, bis sie irgendwann keine Rolle mehr spielen („Eigentlich kenne ich mei-

nen Vater nicht“). Da hilft es auch nichts mehr, wenn sie durch lautes Herumschreien versuchen, sich noch ein Gewicht zu geben. Dieses Gewicht haben sie vorher schon verspielt, zumindest erlangen sie es nicht wieder durch Lautstärke und schon gar nicht durch Gewalt. Manchmal ist es vermutlich hilflose Verzweiflung auf beiden Seiten: „Er kann einem richtig das Gefühl geben, nichts wert zu sein.“ Was die Tochter hier beschreibt, ist vielleicht nichts anderes als das Gefühl, das der Vater in der Familie selber hat. Im Nachhinein ist immer leicht reden, aber es stimmt schon: „Ich finde, Väter sollten die Möglichkeit haben, ihre Kinder aufwachsen zu sehen!“
Diese jungen Frauen stehen im Berufsleben, verdienen schon eigenes Geld und sind, früher als die Gleichaltrigen an höheren Schulen, oft schon in Gedanken bei ihrer künftigen Familie, beim Vater ihrer eigenen Kinder. In diesen Gedanken widerspiegelt sich die Geschichte mit den eigenen Vätern. Es wird deutlich, dass das mit dem eigenen Vater nicht einfach eine Episode ist, sondern dass hier tatsächlich eine Sache weitergeht. Die Zukunft beginnt immer schon in der Gegenwart.
Die etwas provokante Gretchenfrage der Zukunft an den Vater von heute lautet im Grunde: Sind Sie zufrieden, wenn Ihre Tochter einen Mann bekommt, wie Sie einer sind? Umso schöner ist es, wenn dann eine junge Frau sagen kann: „Ich wäre froh, wenn ich für meine Kinder auch so einen Vater hätte.“

Der Vater ist sehr hilfsbereit, kann aber auch sehr sauer werden. Aber im Großen und Ganzen kommen wir sehr gut miteinander aus. Mein Vater kann eigentlich fast alles. Er hat auch fast immer Recht, was ich natürlich oft erst im Nachhinein mitkriege und glaube. Man kann eigentlich von meinem Vater alles haben. Ab und zu reagiert er am Anfang etwas anders, aber im Nachhinein versucht er alles so zu machen, dass es passt. Ich bin froh, dass wir zu Hause gut auskommen und alles in Ordnung ist.

Früher hatte ich nicht viel mit meinem Vater zu tun, doch als meine Mutter starb, war nur noch mein Vater da. Er musste viel arbeiten und hatte wenig Zeit. Mit meinem Vater kann man nicht so gut reden wie mit der Mutter. Ich habe immer die Kinder beneidet, die etwas mit ihrem Vater unternommen haben. Aber ich bin ihm dankbar für das, was er für mich und meine Geschwister getan hat.

Mein Vater und ich haben ein super Verhältnis, nicht nur Vater und Tochter, sondern Freund und Freundin. Er ist immer stolz auf mich und ich auf ihn. Ich könnte mich für meinen Vater nie schämen, denn ich stehe voll zu ihm und ich weiß genau, dass es auch umgekehrt so ist. Meine Mama sagt oft, dass sie sich nie einen besseren Mann und Vater für die Kinder für uns gewünscht hätte. Wir hatten auch schlechte Zeiten, aber der Zusammenhalt bei uns in der Familie ist so stark und da spielt jeder eine Rolle. Ich bin froh, dass es ihn gibt! Und ich wäre froh, wenn ich für meine Kinder auch so einen Vater hätte.

Ich liebe meinen Vater. Ich hatte schon immer ein besseres Verhältnis zu meinem Vater als zu meiner Mutter. Er versteht mich viel besser, weil er selber gern noch mal so jung wäre. Er versucht die ganze Zeit, mich für einen Sport zu begeistern, am liebsten für Fußball, denn das ist sein Hobby. Er tut sehr viel für mich wie z. B. Zigaretten mitbringen. Ich muss auch fast kein Benzin zahlen, darf das Auto aber immer haben. Es sind eigentlich nur Kleinigkeiten, aber es sind Sachen, die meine Mutter nie machen würde. Er schwimmt einfach auf der gleichen Wellenlänge und hält mich davon ab, auch so früh meine Jugend aufzugeben, wie er es getan hat. Ich war der Grund dafür, aber er lässt es mich nicht spüren. Darum hab ich ihn gern.

Ich kenne meinen Vater nicht, da er permanent am Arbeiten ist. Er ist ein Workaholiker und war somit der Letzte, der mein erstes Wort hörte oder meine ersten Schritte sah. Er braucht es, obwohl ich es nicht verstehen kann. Oft weiß er nicht einmal, wie alt ich bin. Die paar einzelnen Stunden, die er zu Hause ist, streiten wir oder beschimpfen uns. Mehr kann ich nicht sagen, denn wie schon erwähnt: Ich kenne ihn nicht.

Mein Vater ist ein sehr netter, hilfsbereiter Mensch. Er unterstützt mich in jeder Hinsicht. Leider macht er zu viel für mich, und wenn ich ihm das sage, ist er beleidigt. Also sage ich nichts. Er redet oft vom selben und das nervt mich sehr. Aber ich bin dennoch still (nicht immer!), denn er versucht, mit mir zu reden, auch wenn es mich nicht interessiert. Ich würde ihm gern mehr helfen. Aber es ist für mich nicht möglich, mit ihm zusammenzuarbeiten, denn er macht eh fast alles allein und ich sehe zu oder bringe ihm, was er braucht.

Mein Vater hat meistens Recht, meint er, hält sich aus vielen Sachen raus, hört oft nicht zu – was aber nicht bedeutet, dass mich das stört. Es ist halt einfach so, aber ich glaube, dass es in den meisten Familien so ist.

Mein Vater steht zu mir und hilft mir, wenn ich Probleme habe. Ich kann immer zu ihm kommen. Er kann jedoch auch böse werden, das ist dann aber nicht so schlimm. Wenn ich einmal Scheiße gebaut habe, darf ich auch nicht böse sein, wenn er mal böse wird. Doch ist er ein toller Vater. Ich wünsche auch meinem Kind so einen Vater, einen Vater, der auch die Probleme der Kinder versteht und ihnen helfen kann und will. Ich möchte keinen Vater, der ein Kind in die Welt setzt und dann sagt: „Danke, das war's und tschüss!" Das hat ein Kind nicht verdient. Kein Kind verdient das! Aber die Schuld liegt nicht nur bei den Vätern, auch Mütter machen Probleme!

Sollte ich einmal ein Kind haben, dann soll es nicht nach dem typischen Vater-Mutter-Schema verlaufen, d. h. Vater arbeitet den ganzen Tag, kommt abends erschöpft heim, Mutter macht Haushalt und kümmert sich ums Kind, wickelt, macht Essen usw. Bei uns sollte es keine typischen Vater- und Mutterrollen geben, sondern es wäre z. B. schön, wenn beide halbtags arbeiten, beide sich abwechselnd (oder auch zusammen) um das Kind kümmern, mal der Vater kocht und manchmal die Mutter. Vor allem sollten beide Elternteile eine persönliche Beziehung zum Kind haben.

Ich hätte für mein Kind gern einen Vater, der immer für das Kind da ist, der viel mit dem Kind gemeinsam unternimmt, der mit dem Kind über alles reden kann, der sehr stolz auf das Kind ist, auch wenn es manchmal Fehler macht, der das Kind niemals im Stich lassen würde, der auch mal Hausaufgaben mit dem Kind macht oder ihm eine Gute-Nacht-Geschichte vorliest.

Ich habe keinen Vater – in meinen Augen. Er war nie für mich da! Jetzt habe ich gar keinen Kontakt mehr zu ihm. Ich finde auch, man braucht nicht unbedingt einen Vater!

Mein Vater war immer derjenige, der zu allem Ja gesagt hat, z. B.: Darf ich heute bei einer Freundin schlafen? Wie lange darf ich weggehen? Er steht immer zu mir, egal was ich mache. Ich weiß, dass er mich sehr lieb hat, und dass ich mit jedem Problem zu ihm kommen kann. Er ist immer gerecht. Er ist lustig und kann mich immer zum Lachen bringen. Ich habe sehr viel von ihm gelernt.

Ich kann mit meinem Vater nicht so gut reden wie mit meiner Mutter. Mit meinem Vater rede ich eigentlich nur über oberflächliche Dinge.

Mein Vater ist oft sehr aufbrausend und wird schnell böse. Er kann aber auch sehr nett und lustig sein und hilft mir, wo er kann. Ich bin sehr stolz auf meinen Vater. Er ist zwar ein komplizierter Mensch, doch wir verstehen uns gut und er hat mich gern.

Er ist wenig zu Hause, weil er viel arbeitet, aber man kann gut mit ihm reden.

Mein Vater ist nicht verständnisvoll. Er ist ein Egoist und schreit gleich. Er ist sehr launisch und es gibt fast keine Tage, an denen er nett ist.

Er ist ab und zu nervig, aber trotzdem habe ich ihn lieb. Da ich keine Geschwister habe, streite ich eben mit ihm. Er geht immer gleich auf die Palme und das nervt.

Mein Vater war, als ich klein war, fast nie zu Hause. Für ihn waren andere immer wichtiger als seine Kinder. Uns gegenüber hat er sich, glaube ich, nie als Vater gefühlt. Von meinen Freunden hörte ich früher, dass ihr Vater mit ihnen lernt, spazieren geht ... Das alles hat in unserer Kindheit gefehlt. Wir werden immer angeschrien oder so was, bei anderen wird nur gelacht. Er kann einem richtig das Gefühl geben, nichts wert zu sein.

Ich finde meinen Vater viel zu streng. Er lässt mich keine eigenen Entscheidungen treffen. Überall hat er was auszusetzen. Er hat auch was gegen meine Freundinnen! Ich kann meinen Vater manchmal nicht leiden. Er kann schon nett sein, aber das ist eine Seltenheit.

Mein Kind sollte einmal einen super Dad haben. Er sollte ihm immer zuhören, für es da sein. Sie sollten gemeinsame Hobbys haben. Er sollte es nie vor anderen Kindern lächerlich machen. Er sollte das Kind so lieb haben, wie es ist, auch wenn es nicht gerade das Schnellste ist.

Mein Vater sollte mehr zu Hause sein. Mein Vater sollte sich mehr um die Kinder kümmern. Mein Vater holt mich immer ab, egal wo und wann. Mein Vater ist ein kleiner Angeber (Auto). Mein Vater sollte, wenn es Probleme gibt, nicht einfach abhauen, sondern mit Reden das Problem lösen.

Mein Vater ist nicht nur mein Vater, sondern auch mein allerbester Freund! Er ist wie mein großer Bruder, der mich in allen Situationen regelrecht zynisch beschützt. Ich liebe meinen Dad über alles. Wenn ich traurig bin, genügt ein Lächeln von ihm, um mich wieder aufzumuntern. Wenn ich lache, lacht er mit mir. Er ist einfach perfekt! Natürlich hat er seine Makel, aber in den ganzen Jahren habe ich nie gespürt, dass er einmal seinen Zorn an mir ausließ. Ich habe noch zwei Schwestern, und sie wurden genauso behandelt wie ich. Ich bin froh, dass ich so einen Menschen in meinem Leben habe!

Mein Vater ist für mich da, wenn ich ihn brauche. Ich habe zu meiner Mutter ein gleich gutes Verhältnis wie zu meinem Vater. Väter sind einfach ein Teil einer Familie! Ich glaube, Jungs, die ein Problem haben, reden lieber mit dem Vater darüber und Mädchen lieber mit der Mutter. Man hat einfach das Gefühl, das eigene Geschlecht versteht einen besser.

Mein Vater war immer für mich da, hat mich vieles gelehrt. Er hat mich ernährt. Jedes Kind braucht einen Vater.

Mein Vater ist sehr nett. Er hält zu mir, auch wenn ich mal Fehler mache. Er hilft mir, meine Probleme zu lösen. Er steht zu uns allen in jeder Zeit. Ich habe bis jetzt nur gute Zeiten mit meinem Vater erlebt und ich hoffe, es bleibt so. Ich hab meinen Vater ganz, ganz lieb!

Mein Vater ist ein netter, hilfsbereiter Mensch. Er kann sehr selten Nein sagen, wenn man ihn um etwas bittet. Ich habe meinen Vater gern, denn er schlägt uns nicht, sondern versucht, mit uns zu reden. Er ist auch unternehmungslustig, wir planen Ausflüge und machen auch öfters Witze. Ich bin froh, einen solchen Vater zu haben, denn wir verstehen uns gut. Sicher, es gibt auch Tage, an denen er nicht so gut gelaunt ist. Aber ich kann ihn verstehen, weil er den ganzen Tag arbeitet und auch mal seine Ruhe haben möchte. Das geht mir genauso.

Alle Väter sind meist total gestresst, haben kaum Zeit für ihre Familie, kommen von der Arbeit heim, essen was und verziehen sich meistens auf die Couch oder in den Keller ... irgendwie verständlich, sie verdienen ja schließlich das Geld für die Familie, und das ist eine große Verantwortung. Am Wochenende wird etwas länger geschlafen, Kleinigkeiten erledigt, Hobbys nachgegangen ... danach: Familie. Ich finde, Väter sollten die Möglichkeit haben, ihre Kinder aufwachsen zu sehen! Alles miterleben, was Mütter auch können, eine richtige Beziehung aufbauen, nicht das Kind nur von Erzählungen kennen. Ich verstehe aber auch, dass die meisten Väter nach der Arbeit am Abend nicht mehr viel Bock haben, der ‚Super-Dad' zu sein. Mein Dad hat eigentlich alles gut gemacht, hatte auch Stress, aber auch Zeit für seine drei Kinder.

Der Apfel fällt nicht weit vom Stamm

Söhne vom Land

Die folgenden Geschichten spielen auf dem Land und viele der Väter haben, sei es im Voll- oder als Nebenerwerb, zu Hause einen Bauernhof. Die Schilderungen der Söhne im Alter zwischen 15 und 19 drehen sich häufig um dieses Thema. Der Hof ist etwas, das die Väter in besonderer Weise mit ihren Söhnen verbindet. Dabei geht es nicht nur um die notwendige Mitarbeit, sondern noch mehr um die existenzielle Frage der Nachfolge und Hofübergabe, eine Frage, die manchmal fast archaische Dimensionen in sich birgt. Vater und Sohn sind, wie nicht selten in Konstellationen mit Familienbetrieben, in fast schicksalhafter Weise miteinander verknüpft. Die Frage, ob der Sohn, seltener noch die Tochter, den Hof übernimmt, ist nicht nur eine Frage der Existenzsicherung. Den Lebensunterhalt könnten sich die Söhne auch in anderen Berufen verdienen. In vielen Fällen geht es darum, ob der Hof überhaupt weiter bestehen kann oder aufgegeben werden muss, der Hof, der im Grunde ein archaisches Erbe der Väter darstellt.

Umso schöner sind die Geschichten, in denen es gelingt, dass der Sohn frühzeitig und Schritt für Schritt in die Fußstapfen des Vaters treten kann, wo die gegenseitige Abhängigkeit die Dimension einer guten Nachfolge bekommt. Hier ist besonders wichtig, dass die Väter den Söhnen das Wichtige beibringen, sie im guten Sinne lehren, ihnen Aufgaben übertragen, Vertrauen zeigen, Fehler zulassen können und ihnen trotzdem etwas zumuten. Die konkreten Schritte dieser Initiation beginnen beim gemeinsamen Melken der Kühe, gehen über das erste Traktorfahren bis zum Einbinden in Entscheidungen und münden so vielleicht in die Übergabe des Hofes. Was die Söhne dabei stark und lebenstüchtig macht, ist auf der Seite der Väter immer auch ein Stück Loslassen. Nicht wenige Familienbetriebe sind in den letzten Jahrzehnten zu Grunde gegangen, weil die Väter nicht loslassen konnten und sich die Söhne oder Töchter dann irgendwann verweigerten. Umso schöner ist es, wenn beide stolz aufeinander sind und Spaß an der Zusammenarbeit haben. Da kommt dann auch den Söhnen schon der Gedanke, dass sie selber einmal so ein Vater sein wollen.

Reibereien und Meinungsverschiedenheiten müssen kein Widerspruch dazu sein. Man(n) kann sie als ganz natürliche Revierkämpfe sehen, in denen Alt und Jung auch einmal die Hörner aneinander reiben, ein Kräftemessen, das einfach einmal notwendig ist und das, wenn die Beziehung stimmt, beide Seiten stärkt; schließlich kann man sich auch wieder versöhnen. Trotzdem gibt es daneben die Beispiele, in denen genau das nicht gelingt, Geschichten von Rückzug, von Gewalt oder Alkohol, recht besehen eigentlich Geschichten von schwachen Vätern. Sie können zu verhängnisvollen Fußstapfen werden, aber sie müssen es nicht (!), wie die eine oder andere Erzählung zeigt. Auf alle Fälle verbindet Väter und Söhne „mehr als nur ein Gedanke“.

Mein Vater und ich – darüber könnte ich stundenlang erzählen. Mein Vater und ich, wir sind ein Team. Er ist einer, der sich auch Zeit für uns Kinder nimmt, mir zuhört, hilft, zuredet und mir so manches

Neues erzählt. Mein Vater ist immer gut drauf, auch wenn es manchmal Uneinigkeiten zwischen uns gibt, was ja auch dazugehört. Irgendwie kommen wir immer wieder auf einen grünen Zweig. Er ist einer, mit dem ich an so manchem Abend noch eine Runde „Hans auf" spielen kann und wir unsere Kräfte messen können. Mein Vater ist einer, der auch sehr gern Tätigkeiten in Vereinen übernimmt, was ich, so denke ich, von ihm geerbt habe. Auch das Braunviehzüchten kommt bei ihm nicht zu kurz, denn die Kühe im Stall sind mein und sein Schatz zu Hause.

Was ich meinem Vater schon immer sagen wollte, ist, dass er für mich eine Art Kollege ist, mit dem ich etwas unternehmen kann, dem ich vertraue, mit dem ich Spaß habe, dem ich Probleme anvertrauen kann, mit dem ich Hobbys und Interessen teilen kann, dass er einfach eine wichtige Person in meinem Leben ist. Diese Dinge hätte ich ihm gern mal gesagt!

Es war einmal eine friedliche Familie, die hatte fast keine Probleme und lebte glücklich in einem großen Haus. Doch eines Tages fing das Unglück an. Der Vater fuhr wie jeden Tag zur Arbeit, doch er übersah beim Überholen den Lastwagen und starb an den schweren Verletzungen im Krankenhaus. Seine Frau und sein Sohn Lukas blieben allein zurück. Der Traum vom schönen Familienleben war nun vorbei. Die Mutter musste mehr verdienen, um sich selbst und ihren achtjährigen Sohn durchzubringen. Nach acht Monaten kam die Mutter mit einem neuen Freund nach Hause. Er hieß Peter. Lukas mochte ihn auf den ersten Blick nicht. Nach zwei Wochen kam er betrunken nach Hause. Lukas war gerade in seinem Zimmer, als er hörte, wie seine Mutter zu kreischen anfing und wütend um sich schrie. Dann hörte er ein

Gepolter und dass Peter zur Stiege heraufstampfte. Ruckartig ging seine Zimmertüre auf und Peter kam wütend hinein. Lukas sah, dass er seine Hand zum Ausholen hochhub, in der anderen Hand hatte er einen Gürtel ... Nach einer halben Stunde war alles vorbei. Peter saß mit einem neuen Bier vor dem Fernseher, die Mutter saß weinend auf ihrem Bett und Lukas lag mit nassen, schmerzerfüllten Augen im Bett und rieb sich die roten Striemen und die blauen Flecken. Das passierte dann noch drei Mal, bis die Mutter zur Einsicht kam und Peter verließ. Sie zog mit ihm in eine andere Stadt und fing dort mit Lukas ein anderes Leben an.

Es waren immer coole Skirennen mit dir!

Ich kann mit meinem Vater über alles reden, mit ihm super zusammenarbeiten und auch einen Schmäh machen. Er stützt mir den Rücken und lässt mich selber entscheiden, was ich einmal werden will. Auch meine Freundin akzeptiert er einfach. Ich finde, ich könnte keinen besseren Vater haben, weil es keinen besseren gibt. Ich hoffe, ich bin auch einmal ein so guter Vater. Denn so ein Vater gibt jedem Kind sehr viel Selbstvertrauen, und das braucht jeder Mensch.

Ich danke meinem Vater dafür, dass er mir die Welt erklärte!

Vor langer Zeit war einmal ein Vater, der hatte einen Sohn. Er war sehr stolz auf seinen Sohn. Immer, wenn der Vater wegging, war er froh, dass sein Sohn für ihn die Arbeiten erledigte, für die normalerweise er zuständig war. Der Sohn war auch froh, dass der Vater so viel Vertrauen in ihn hatte und alles Wichtige ihm überließ. Und wenn der Vater einige Tage weg war, wollte er alles perfekt machen. So wie man es ihm gezeigt hatte. Jeder Handgriff musste seiner Ansicht nach passen. Eines Tages, als der Vater weg war, machte der Sohn die Arbeiten wie immer perfekt. Aber gerade als er zum wichtigsten Teil der Arbeit kam, bemerkte er, dass er einen Fehler gemacht hatte, einen großen Fehler. Da bekam er Angst, dass der Vater ihm nie wieder vertrauen könne. Also versuchte er, sein Missgeschick auszubessern. Aber vergebens. Er konnte den Fehler nicht mehr rückgängig machen. Als der Vater dann wieder nach Hause kam, fragte er, wie es ihm ergangen sei, als er weg war. Der Sohn hatte fürchterliche Angst und erzählte nach einer Weile dem Vater, was ihm passiert war. Doch das, was er erwartet hatte, blieb aus. Der Vater sah ein, dass es ein Versehen war, und hatte immer noch Vertrauen in ihn.

Er ist derjenige, der mich gezeugt hat, der für mich und unsere Familie gesorgt hat, der uns großgezogen hat, der meine Mutter immer noch so sehr liebt und auch zu jeder Zeit zu uns gehalten hat, egal was war. Er mochte uns immer gleich gern. Denn der, der mich sogar in meiner tiefsten Wut zum Lachen bringt, der mich gelehrt hat, wie ich mit meinen Mitmenschen umzugehen habe, der mich, egal wie schlimm ich wieder war, nie verachtet oder geschlagen hat, der ist mein Vater! Und darum bin ich wirklich stolz, so einen Vater zu haben wie ihn.

Es war einmal ein Vater und sein Sohn. Der Vater musste im Sommer heuen und sein Sohn half ihm sehr gern. Der Sohn wollte immer bei seinem Vater sein. Er wollte immer so werden wie sein Vater – ein Vater, der immer für einen da war, mit ihm gespielt hat, etwas mit ihm unternommen hat. Sehr selten hatte der Vater einen schlechten Tag, aber das hat jeder einmal. Ich würde jedem einen solchen Vater wünschen. Ich hoffe, dass ich auch einmal so ein guter Vater werde, wie mein Vater ist.

Ich habe eine sehr gute Beziehung zu meinem Vater. Er schreibt mir zwar bestimmte Dinge vor, was ich darf und nicht darf, was meistens sicher nicht ganz falsch ist. Ich habe aber auch viel Zeit für mich allein, wenn ich das will. Wir sprechen über fast alles miteinander; was ich aber nicht will, muss ich ja nicht mit ihm besprechen. Da wir viel miteinander arbeiten, wenn ich zu Hause bin, wird auch nach meiner Meinung zu wichtigen Dingen gefragt und nicht alles selbst entschieden. Ich bin froh, so einen Vater zu haben!

Der Apfel fällt nicht weit vom Stamm! Papa, bleib so, wie du bist.

Es war ein Sohn, der mit seinem Vater ein ziemlich gutes Verhältnis hatte. Doch es gab auch einige Krisen. Nach diesem Streit wurde das Verhältnis wieder gut und sie kommen wieder gut miteinander aus. Ein gutes Vater-Sohn-Verhältnis ist die Voraussetzung des weiteren Lebens!

Es war einmal ein Tag, an dem mein Vater einen Schiunfall hatte. Es war genau eineinhalb Wochen vor Palmsonntag. Man holte mich von der Schule ab und mein Vater überließ mir und meinem Bruder für drei Wochen den kompletten Betrieb an unserem Hof. Da mir der Herr Direktor die eineinhalb Wochen freigegeben hatte, ging das auch gut. Erst als ich nach den Osterferien wieder zur Schule musste, holte er einen Betriebshelfer.

Es war einmal ein Vater und ein Sohn, die hatten eher ein getrübtes Verhältnis. Der Vater war nämlich Alkoholiker und der Sohn litt sehr darunter. Eines Tages kam der Vater voll betrunken nach Hause. Er war so besoffen, dass er sich nicht mehr beherrschen konnte und den Sohn schlug, bis er bewusstlos war. Als der Sohn regungslos dalag, ging er ins Bett. Am nächsten Morgen wachte der Vater auf und schaute nach seinem Sohn. Doch der Vater fand ihn nicht. Er durchsuchte das ganze Haus, doch der Sohn war nicht zu finden. Der Sohn war vor Angst davongelaufen. Der Vater ging zur Polizei und meldete die schreckliche Nachricht. Nach zwei Tagen fand man den Sohn dann in einem alten Stall. Als die Polizisten die blauen Flecken auf seinem Körper sahen, erkannten sie, dass er misshandelt worden war. Das Kind kam ins Krankenhaus und der Fall wurde vor Gericht ausgetragen. Dem Vater wurde das Sorgerecht entzogen und der Sohn kam in ein Heim.
Zehn Jahre später: Der Vater war dem Alkohol zum Opfer gefallen. Der Sohn ging auf die Beerdigung und gab ihm den letzten Segen. Der Sohn erbte darauf den gesamten Besitz des Vaters und begann ein neues Leben.

Mein Vater verbringt viel Zeit mit mir. Er ist nett zu mir, hilfsbereit und er ist lustig. Er hat mir das Traktorfahren beigebracht. Geschlagen hat er mich noch nie, nur angeschnauzt. Er unternimmt viel mit mir. Er zeigt mir alles, wenn ich etwas nicht kann, lehrt er es mich. Ich habe ein gutes Verhältnis zu meinem Vater. Manchmal, wenn er keinen guten Tag hat, wird er leicht zornig. Man kann mit ihm reden, wenn man ein Problem hat. Er ist auch hilfsbereit anderen Menschen gegenüber. Er fährt mit mir in den Urlaub.

Es war einmal ein wunderschöner, intelligenter, kluger Junge, der hatte einen Vater, der nie Zeit für den Sohn aufbringen konnte. Dieser Sohn hasste seinen Vater wie einen Fünfer in Mathe. Er wurde nie gelobt, sondern nur verachtet wie ein Ausländer. Eines Tages vergaß er sogar den Geburtstag des Jungen. Da wurde der Junge so wütend, dass er seinen Vater anschrie. Seit da hat er nie wieder seinem Vater zum Geburtstag gratuliert.

Ich bin dankbar, einen solchen Vater zu haben, und hoffe, dass ich auch mal so ein guter Vater werde. Danke! Ich hoffe, dass ich dich noch lange habe!!

Das Verhältnis zu meinem Vater finde ich einfach genial. Er zügelt mich in verschiedenen Sachen, und ich komme später immer wieder drauf, dass es richtig war. Ich helfe ihm arbeiten, weil es mich freut und weil er sich freut, mit mir zu arbeiten. Die Beziehung wächst zusehends und ich lerne viel dabei. Seine früheren Verhältnisse waren sicher strenger und ich finde es toll, dass er sich auf die heutigen Verhältnisse umgestellt hat. Mein Vater ist ganz okay.

Unser Verhältnis ist immer unterschiedlich, aber im Großen und Ganzen liegt es im positiven Bereich. Ich sage das, weil ich denke, dass der Vater seine Gefühle nicht zum Ausdruck bringen kann. Vielleicht hängt es auch mit der Arbeit zusammen. Ich weiß es nicht, ich hoffe nur, dass es sich etwas bessert!

Ich habe eine gute Beziehung zu meinem Vater: Wir vertrauen uns gegenseitig und lösen Probleme zusammen. Er arbeitet viel, aber nimmt sich auch Zeit für uns. Ich verbringe meine Freizeit gern mit ihm. Er hält zu mir.

Es ist eine sehr gute, ausgeglichene Beziehung. Wenn der Vater Hilfe braucht (Arbeit), helfe ich ihm und umgekehrt. Er lässt mir Freiheiten bis zu einem gewissen Punkt. Er achtet auf mich, er schaut auf mich. Wir interessieren uns für die gleichen Sachen, was wiederum ein Zusammensein bedeutet.

Mit meinem Vater gab es auch, wie bei jedem Vater, Höhen und Tiefen. Als wir noch ganz klein waren, ging der Vater immer weg in die Arbeit und wir konnten es nicht erwarten, bis der Vater am Wochenende von der Arbeit kam. Wir saßen schon zu Mittag am Fenster und schauten immer auf die Straße. Als er immer älter wurde, wurde es ihm auch langsam zu viel und er blieb in der Umgebung zum Arbeiten. Jetzt sagt mein Vater immer, er habe einen riesigen Fehler gemacht, denn er sei in der schönsten Zeit immer weg in die Arbeit gegangen.

Mein Vater und ich – uns verbindet mehr als nur ein Gedanke.

Es war einmal ein Vater. Dieser Vater hatte einen kleinen Sohn. So trug es sich zu, dass eines Tages der kleine Sohn zu seinem Vater kam und fragte: „Papa, spielst du mit mir?“ Darauf antwortete der Vater mürrisch: „Ich habe jetzt keine Zeit, ich muss arbeiten.“ Der kleine Sohn verstand dies nicht, also spielte er allein in seinem Zimmer. Am nächsten Tag kam der Sohn wiederum zum Vater. Diesmal fragte er zögernd: „Papa? Hast du jetzt Zeit für mich?“ Doch der Vater wandte sich wortlos ab. So ging es beinahe Tag für Tag. Bis eines Tages der kleine Sohn nicht mehr fragte und allein begann, Ball zu spielen. Als ihm dann der Ball auf die Straße rollte, war es geschehen. Ein Auto hat ihn angefahren. Als der Kleine schwer verletzt im Krankenhaus lag, begann der Vater nachdenklich zu werden. Er erinnerte sich, wie oft er seinen Sohn abgelehnt hatte. Nun wurde ihm klar, was für ein schlechter Vater er war. Einige Wochen später wurde der Sohn aus dem Krankenhaus entlassen. Von jetzt an war der Vater ein guter Vater, der viel Zeit für seinen Sohn aufbrachte.

Es war einmal ein Sohn, der hatte einen Vater. Der Sohn hatte fast keine Freunde und die, die er hatte, waren nicht gerade die besten. Der Sohn wollte, dass sein Vater aufhörte zu saufen, weil er in der Schule immer angeredet wurde, warum er so nach Alkohol stinke. Doch der Sohn antwortete nicht, er schämte sich nur. Da dachte er sich, er müsse einmal mit seinem Vater über sein Problem sprechen. Doch als er dies versuchte, wurde er total zusammengeprügelt, dass er ins Krankenhaus musste.

Also, ich habe sicherlich den besten Vater, den man sich vorstellen kann. Mit ihm kann ich einfach über alles reden. Er bringt mich zum Lachen mit seiner lustigen Art, alle Sachen so zu verdrehen, dass es lustig ist. Wenn mein Vater nicht wäre, wüsste ich nur halb so viel, denn nur er erklärt mir alles, was ich wissen will, und zwar so oft, bis ich es kapiere. Ich glaube, dass er ziemlich stolz auf mich ist. Aber auch umgekehrt bin ich stolz, so einen verrückten und lustigen Vater zu haben, der so spontan und klug ist wie er. Er weiß einfach alles, egal, was für eine doofe Frage ich stelle. Danke, Daddy!

Es war einmal ein Junge, dessen Vater Alkoholiker und Kettenraucher ist, und heute ist sein Sohn genau gleich.

Was ich meinem Vater schon immer mal sagen wollte: Danke für alles, was ich schon von dir lernen konnte.

Als ich einmal allein mit dem Stallbau beschäftigt war und es mein Vater sah, als ich fertig war, lobte er mich und sagte, dass es gut ist. Das hat mich gefreut. Seit diesem Zeitpunkt lässt er mich viele Sachen eigenständig tun. Seit da haben wir eine gute Beziehung.

Ich kann nicht viel von meinem Vater erzählen, denn er ist in unserer Bäckerei beim Arbeiten gestorben. Ich weiß nur, dass er nicht viel Zeit für mich und meine Geschwister hatte. Aber in der Zeit, die er mit uns verbracht hatte, hat er alles für uns getan. Wo er nicht für uns da war, musste er arbeiten. Ich kann mich nur noch an ein paar Sachen erinnern. Das Größte war, wenn er am Morgen kam und mit mir frühstückte und nicht schlafen ging!!

Es war einmal vor einigen Jahren, als ein Vater einen Sohn geschenkt bekommen hat. Dieser Vater besaß eine Landwirtschaft mit ca. 30 Milchkühen und 24 Jungrindern. Der Sohn wuchs schnell heran. Eines Tages fragte der kleine Junge mit ungefähr sechs Jahren seinen Vater: „Du, Papa, ich sehe dir immer beim Melken der Kühe zu und ich möchte es auch lernen!" Sein Vater war bereits bei der letzten Kuh dran zu melken. Er sagte: „Morgen Abend zeige ich dir das ganz genau!" Der Junge konnte es bis zum nächsten Abend kaum erwarten. Als der Tag gekommen war, sagte der Vater: „Komm, mein Sohn, ich zeige es dir!" Er nahm den Jungen auf seinen Schoß und setzte sich mit ihm zu einer Kuh und erklärte ihm alles. Sein Sohn war begeistert und dachte:

„Mein Vater ist der Größte.“ Was ich meinem Vater schon immer sagen wollte: Dass er nicht noch mehr anschaffen sollte, weil er schon keine Zeit mehr für die Familie hat. Entweder ist er am Arbeiten oder im Stall. Und am Wochenende, wenn man irgendwohin will, ist er zu müde und sagt immer: „Geht doch allein.“

Es war einmal ein Sohn, dessen Beziehung zu seinem Vater sehr gut war. Es war wirklich ein sehr netter Vater bis zu dem 16. Lebensjahr des Sohnes. Doch als er erfuhr, dass der Sohn ein anderes Berufsziel hatte und damit rechnete, dass er den Hof des Vaters verkaufen kann, war das glückliche Leben der beiden zerstört. Bald darauf hat der Sohn es eingesehen, dass dies keine Zukunft werden kann. So lebten die beiden glücklich weiter, wie es früher war. Der Sohn lernte ein nettes Mädchen kennen, mit der er zusammen den Hof übernahm. Als der Vater älter wurde und nicht mehr aus dem Bett konnte, war er dem hilfsbereiten Sohn sehr dankbar, wie es der Sohn in seiner Jugendzeit auch ihm war.

Mit viel Selbstvertrauen und Liebe im Rucksack ins Leben

Töchter vom Land

Wenn die gleichaltrigen Töchter vom Land erzählen, geht es weniger um Traktorfahren und Kühemelken, um Hofübergabe oder Berufswahl, sondern mehr um die unmittelbare Beziehung. Natürlich hat das Traktorfahren in der Männerwelt von Vater und Sohn auch viel mit Beziehung zu tun, doch die Bedürfnisse der Töchter verlangen offensichtlich mehr nach sprachlichem Ausdruck und nach für sie eindeutigen Gesten. In manchen Fällen fordern sie vielleicht ein Vokabular, das der männliche Vater nicht so gut beherrscht. Die stummen Gesten, wie sie zum Sohn hin funktionieren mögen, reichen der Tochter nicht bzw. sie kann sie nicht in derselben Weise verstehen wie ihr Bruder. Wenn die Frau dem Mann (und umgekehrt) manchmal ein Mysterium ist, beginnt es sich nun auch gegenüber der Tochter auszubreiten. Mit dem kleinen Kind konnte man(n) ja noch umgehen. Die Geschichten der Töchter, oft indirekt erzählt, sind schon vom Umfang her länger, epischer vielleicht, versponnener ins Beziehungsgeflecht als die manchmal fast holzschnittartigen Feststellungen der Söhne. Es ist eine andere Wahrnehmung, ein anderer Fokus, der die Väter hin und wieder auch hilflos erscheinen lässt. Einiges an Verunsicherung gegenüber diesen jungen Frauen macht sich bei den Vätern breit; vom körperlichen Umgang gar nicht zu reden. Da ist es mit dem Sohn wesentlich unkomplizierter. Genau darin liegt aber die tragische Versuchung für einige Väter, die Tochter, mit der er nicht

mehr so recht weiß, wie, links liegen zu lassen – eine Versuchung, unter der die Betroffenen sehr leiden.
So sehr die Töchter, die ein gutes Verhältnis zu ihrem Vater haben, gestärkt „mit viel Selbstvertrauen und Liebe ins Leben“ gehen, so sehr leiden die anderen. Der Schrei nach Anerkennung durch den eigenen Vater ist laut. Vielleicht ist es für Töchter wirklich fast weniger schlimm, keinen Vater zu haben, als einen, der ihnen keine Aufmerksamkeit schenkt. Es sind junge Frauen auf dem Weg ins Leben, auf der Suche nach ihrer weiblichen Identität, nach Bestätigung, nach fraulichem Selbstwertgefühl in einer Welt, in der sie sich ebenso bewähren möchten wie ihre Brüder. Und dann lebt neben ihnen der Vater, ihr ‚erster Mann‘, und er nimmt sie nicht wahr. Es scheint, als würde man(n) ihnen das Licht abschalten. Dumme Aussprüche über ihr Aussehen sind dann genauso schwer wiegende Verletzungen, wie wenn der Sohn nichts recht machen kann. Sie wären gern ebenso stolz auf ihre Väter wie die Söhne und bräuchten es genauso, dass die Väter auf sie als Töchter stolz sind.
Mehr als bei den Söhnen kommt bei den Töchtern die Mutter in den Blick. Sie nehmen stärker den Vater in der Beziehung zu seiner eigenen Frau wahr. Hin und wieder gibt es auch ehrliche Ratschläge, und die gehen fast exemplarisch in beide Richtungen: „Schätze deine Frau mehr, es ist die beste Mama und Frau, die du überhaupt finden hast können.“ – „Setz dich gegenüber meiner Mutter ein bisschen mehr durch.“ Das sind nicht Kinder und Narren, die die Wahrheit sagen, sondern junge Frauen mit einem guten Gespür für das Beziehungsgeflecht.

Ich habe ein sehr gutes Verhältnis mit dem Vater. Es könnte nicht besser sein. Geht es dem Vater gut, geht es auch uns Kindern gut. Nur mit dem Fortgehen stimmt es nicht ganz. Er ist einfach viel zu streng. Und wir sollten auch ein bisschen Taschengeld bekommen. Aber ich bin ohne das ganz zufrieden.

Mein Vater ist für mich eine Art Kollege, dem ich vertrauen kann. Wenn ich mal Stress in der Schule habe oder mit Jungs, kann ich sicher sein, dass er mich unterstützt. Ich kann mit ihm was unternehmen und auch riesigen Spaß haben. Er ist für mich die wichtigste Person in meinem Leben und ich habe ihn über alles gern. Das gilt auch, wenn wir mal streiten und ich Worte sage, die ich nicht so meine.

Es war einmal ein Vater, der hatte einen Sohn und eine Tochter. Er ging jeden Tag arbeiten und wenn er am Abend heimkam, wollte er nur noch seine Ruhe haben. Am Wochenende hatte er zwar Zeit, aber nur für seinen Sohn. Er bekam alles, was er wollte. Die Tochter fühlte sich sehr benachteiligt und begann sich zu fragen, was sie getan hatte, dass ihr Vater sie nicht beachtete. Sie vertraute sich niemandem an und zog sich langsam zurück. Keiner merkte es, bis ihre Mutter sie fragte, was los sei. Sie sagte nichts, aber sie fing langsam an zu weinen. Am Anfang leise, dann immer lauter. Sie ließ den ganzen Schmerz heraus, den sie seit Jahren in ihrem Herzen trug. Ihre Mutter nahm sie langsam und vorsichtig in die Arme und fing auch an zu weinen. Sie fragte die Tochter, wieso sie nichts in all den Jahren gesagt habe, aber auf diese Frage konnte sie nicht antworten. Am Schluss bat die Tochter die Mutter, nichts von all dem, was sie gehört hatte, dem Vater zu erzählen.

Eine Woche später nahm die Tochter all ihren Mut zusammen und stellte ihren Vater zur Rede. Dieser kannte sich gar nicht aus und stritt alles ab. Das Mädchen unterdrückte ihre Tränen und verließ stillschweigend das Zimmer. Da sie schon 20 Jahre alt war, packte sie ihre Koffer und verließ die Stadt. Sie begann ein neues Leben. Nach fünf Jahren bekam sie einen Brief von ihrem Vater. Bis dorthin hatte sie sich viel aufgebaut. Sie hatte jetzt eine eigene Familie. Sie öffnete mit zitternden Händen den Brief. Dort stand, dass sie ihn besuchen solle. Es wäre sehr wichtig. Ihr Mann stand stets hinter ihr und gab ihr viel Kraft, aber sie besuchte ihren Vater allein. Das Wochenende kam und sie fuhr los. Als sie in ihre Heimatstadt kam, war ihr alles wieder sehr vertraut. Sie hielt vor einem alten Haus, es war ihr altes Zuhause. Langsam öffnete sich die Tür und ein etwas älterer Mann stand vor ihr: Es war ihr Vater. Dieser war sehr glücklich, als er sie sah, und bat sie höflich, aber etwas unsicher hinein. Sie setzten sich in die Küche und schauten sich an, ohne etwas zu sagen. Dann sagte er leise, dass es ihm Leid tue und dass er alles tun würde, um alles wieder gutzumachen. Dann umarmten sich die beiden. Später sagte er zu ihr, dass er immer stolz auf sie gewesen sei.

Was ich meinem Vater schon immer sagen wollte: Er soll nicht immer meinen Geburtstag vergessen!

Es war einmal ein Mädchen namens Katrin. Sie wohnte mit ihrem Vater allein in einer Wohnung, denn ihre Mutter war seit zwei Jahren tot. Katrin verkraftete ihren Tod besser als ihr Vater. Sie ging in die 2. Klasse Volksschule und ihr Vater arbeitete den ganzen Tag. Meistens hatten sie beide miteinander Stress. Der Vater hielt ihr vor, dass die Wohnung nie aufgeräumt und dass alles schmutzig sei. Zur Verteidigung musste sie immer sagen: „Ich muss doch in die Schule und Hausaufgaben machen.“ Ihr Vater hatte einen so strengen Job, dass er erst spät am Abend nach Hause kam. Wenn er mal früher kam, meckerte er nur herum. Als die Schulferien begannen, räumte Katrin die ganze Wohnung auf und schrubbte, bis sie glänzte. Als ihr Vater nach Hause kam, wusste er nichts Besseres zu sagen als: „Du könntest mir etwas zu essen machen!“ Er merkte nicht einmal, dass die Wohnung sauber war. Das machte Katrin traurig. Sie ging eben erst in die Volksschule, also konnte sie nicht abhauen. Eines Tages wurde ihr Vater gefeuert, und jetzt wusste er nicht, wie sie sich ernähren sollten. Sie lebten von Sozialhilfe. Katrin gefiel es, wenn ihr Vater den ganzen Tag zu Hause war, aber auf die Dauer war das nichts. Zeitweise blätterte er die Zeitung wegen der Stellenangebote durch. Nach einigen Wochen rief er bei einem Stellenangebot an, ob sie nicht einen Job für ihn hätten, es war aber nur ein Halbtagsjob. Er nahm ihn aber trotzdem an. Von da an nahm er sich mehr Zeit für Katrin. Darüber freute sich Katrin sehr.

Es war einmal ein Mädchen namens Julia. Sie hatte es sehr gut, und sie bekam alles, was sie wollte, denn sie war das einzige Kind. Ihre Eltern arbeiteten den ganzen Tag und sie ging in die Schule. Doch eines Sommers änderte sich alles. Das Mädchen bekam einen kleinen Bruder. Der galt alles bei seinem Vater. Doch leider bekam der Vater nicht alles mit. Denn am Abend kam er immer betrunken nach Hause. Seine Tochter und seine Frau gingen dann immer in ihre Zimmer. Doch am nächsten Morgen war alles wieder normal, niemand redete von der Nacht. Ihr Bruder ging inzwischen auch schon in die Schule.

Am Wochenende nahm der Vater ihn immer mit zum Traktorfahren, weil er wusste, dass es die Lieblingsbeschäftigung seines Sohnes war. Julia fühlte sich immer benachteiligt. Ihre Mutter unternahm zwar immer etwas mit ihr, doch es fehlte manchmal einfach jemand, der ein Machtwort sprach. Denn, wenn sie ihn etwas fragte, konnte er ihr nie eine eindeutige Antwort geben. Sie musste immer nur ihre Mutter fragen, wenn sie etwas wollte. Andere beneideten sie immer darum, weil ihr Vater nie etwas sagte. Doch es war gar nicht so schön.
Seine Frau dachte oft schon an Scheidung, doch sie wollte noch etwas warten, bis sie ein wenig Geld auf der Seite hatte. Wenn Julia allein zu Hause war, wollte sie ihm am liebsten so einiges sagen, doch sie konnte sich dann immer noch beherrschen, weil das nur zu einem Streit ausartete. Mittlerweile hatte er nicht einmal mehr für seinen Sohn Zeit, der bei ihm immer alles galt. Denn er war überall lieber als bei seiner Familie. Mit 18 Jahren beschloss sie, in eine Wohngemeinschaft zu ziehen. Ihre Mutter und ihr Bruder blieben noch ein Jahr bei ihm, dann trennten sie sich von ihm, was er gar nicht verstand!

Auf der Bank vor der Haustür sitzt ein alter, grauhaariger Mann mit einer Pfeife in der Hand. Während die Vögel zwitschern und das Bächchen rauscht, denkt er an seine zwei Töchter, die er schon lange nicht mehr gesehen hat: Wäre es doch besser gewesen, wenn ich meinen heranwachsenden Töchtern mehr Freiheit gelassen hätte?! Ist „nur" ein Vater, dessen Frau bei der Geburt das Leben ließ, zu wenig für Mädchen? Warum habe ich die Musterschülerin unterstützt und die andere sich selbst überlassen? Warum konnte ich die Beziehungen meiner Töchter nicht akzeptieren? Ich wollte doch immer nur das

Beste für sie, oder war es doch das Gegenteil? Aber auch das Schöne durfte ich miterleben: „Papa, wir mögen dich". Diesen Satz sagten sie schon lange nicht mehr, aber er ist ganz tief in mir als wunderschöne Erinnerung. Die Wanderungen, Ausflüge oder einfach alles, was wir gemeinsam unternommen und erlebt haben, sind Vergangenheit. Dann habe ich ihnen aus Angst vor dem, was noch kommen wird, die Tür geöffnet und sie, „mein Ein und Alles", fortgeschickt. War das der richtige Schritt? Heute sitze ich da, völlig gealtert, aber mit einem Funken Hoffnung auf ein Wiedersehen, und denke noch immer, wie es wäre, wenn ich, nicht mehr so stur und eigensinnig, mich mehr in ihre Lage versetzt hätte, denn ist nicht jedes Kind einzigartig?

Danke, dass du mich respektierst, so wie ich bin, dass du mir hilfst, manche Dinge zu reparieren, dass du mich nie schlägst, dass du mich unterstützt, dass du mir hilfst, mein Zimmer zu gestalten, dass ich genügend Freiraum habe, dass du auch mit mir lachen kannst, dass du mich das machen lässt, was mir gefällt, dass ich mit dir reden kann, dass du immer für mich da bist, wenn es auch schwer für dich ist.

Danke! Mit viel Selbstvertrauen und Liebe im Rucksack ins Leben!

Seit ich mich an die Vergangenheit erinnern kann, habe ich ein echt gutes Bild von meinem Vater. Mit ihm kann ich alles unternehmen. Was mir gut an ihm gefällt, ist das Gefühl für die Familie. Es heißt nicht immer, man müsse arbeiten, um am Abend müde zu sein. Ein freier Tag tut jedem Menschen gut. Und daher ist bei meinem Vater am Sonntag auch wirklich Sonntag. Und das, finde ich, ist sehr wichtig. Was weiter für mich gut ist, ist auch manchmal der sture Kopf von ihm, denn so hat er es bis heute geschafft, dass in unserer Stube kein Fernseher steht. Und dies bedeutet Zeit für die Familie. In der Zeit, in der andere fernsehen, ist bei uns Zeit für ein Kartenspiel oder einfach zum Miteinander-Reden. Man kann so am Abend über die getane Arbeit reden, über den nächsten Tag nachdenken und jenes, was noch nicht ausgeredet ist, abschließen. Denn man soll Angefangenes nicht einfach im Raum stehen lassen. Auch wenn es einmal ein nicht so erfreuliches und gutes Thema ist.

Es war einmal ein Mädchen namens Susanne. Sie wurde nie geschlagen, nie, aber was sie seelisch durchstehen musste, war fast schlimmer. Alles begann eines Nachts, als ihr Vater wegen einer schweren Verletzung ins Krankenhaus musste. Bis dahin hatten sie ein sehr gutes Verhältnis, aber diese Nacht änderte alles. Als er wieder vom Krankenhaus heimkam, wurde er in seinem Job gefeuert und begab sich auf die Suche nach einer neuen Stelle. Als er eine gefunden hatte, machte er Stress, weil alles so anders war als bei seiner letzten Arbeit. Er begann, seine schlechte Laune an Susanne auszulassen. Mit Sprüchen wie: „Du bist zu dick“ oder „Du siehst aus wie ein Nilpferd“ verletzte er sie mehr, als er vielleicht dachte. Susanne konnte nächtelang nicht schlafen, weil sie nur am Weinen war. Danach ging es ihr besser, aber sie wollte ihr Zimmer nie verlassen, wenn sie wusste, dass ihr Vater zu Hause war. Er machte immer weiter und irgendwann hielt sie es nicht mehr aus. Sie versuchte, mit ihm zu reden, aber es hatte keinen Sinn. Er ließ sie einfach nicht in Ruhe, er wollte sie nicht verstehen. Ihre Mutter hat nie etwas gemerkt. Als es für Susanne unausstehlich

wurde, brachte sie sich um. Erst da merkte ihr Vater, wie weh er ihr getan hatte, und bereute es. Da war es aber schon zu spät.
Zum Schluss möchte ich noch etwas sagen: „Wenn Sie in irgendeiner Weise ein schlechtes Verhältnis haben zu Ihrem Kind, dann klären Sie es jetzt, später kann es zu spät sein. Denken Sie mal darüber nach!"

Ich wollte meinem Vater immer schon sagen, dass ich seine Art, mit dem Leben umzugehen, sehr schätze. Ich möchte auch erwähnen, dass ich das, was er in seinem Leben erreicht hat, bewundere. Seine Lebenseinstellung und seine Erziehungsmethoden, die mir bis jetzt immer ein schönes Leben und Freude garantierten, sind meiner Meinung nach der Grund dafür, dass es so gut wie nie zu Streitereien zwischen mir und ihm kommt. Ich finde meinen Vater cool, da er es geschafft hat, nach drei Kindern noch so ein nachtaktives Kind, wie ich es bin, zu erziehen.

Was ich meinem Vater schon immer einmal sagen wollte: Bleib so, wie du bist, setz dich gegenüber meiner Mutter ein bisschen mehr durch und reg dich nicht wegen jeder Kleinigkeit auf (schlecht für den Blutdruck).

Ich muss sagen, ich fühle mich sehr wohl in der Beziehung, die mein Vater und ich zueinander haben. Wie es wahrscheinlich üblich ist, gibt es in unserem Alter öfters mal Meinungsverschiedenheiten, was aber auch dazugehört; und da sollte vielleicht auch mal der Vater auf einen eingehen oder sogar auch nachgeben, obwohl es schwer fällt. Super ist, dass ich machen kann, was ich will. Mir wird zum Glück mein Leben selbst überlassen, was ich sehr gut finde. Darum möchte ich sagen: Ihr Väter, die ihr eure

Söhne/Töchter nicht weggehen lasst, ihr müsst einfach mal Vertrauen in eure Kinder haben und sie machen lassen, was ihnen gefällt!
Vielleicht solltest du manchmal nicht so streng sein und deine alternative Meinung wegwerfen. Es ist mir auch klar, dass du und deine Geschwister eine sehr strenge Erziehung hattet. Aber das war einmal! Danke für alles, was du mir gegeben und gelehrt hast! Etwas möchte ich zum Schluss noch sagen: Papa, schätze deine Frau mehr, sie ist die beste Mama und Frau, die du überhaupt finden hast können!

Er hätte sich von seinen Eltern nicht so viel sagen lassen sollen und seine eigene Meinung vertreten und die Erziehungsfehler von ihm nicht auf uns (mich und Geschwister) weitergeben. Wir könnten auch mehr Feste feiern. Er hat mit meiner Mutter einen guten Fund gemacht. Sie hat ihm geholfen, seine Persönlichkeit zu entwickeln, was er bei seinen Eltern nicht konnte. Es freut mich, dass man mit ihm manchmal „fetzen“ und eine Gaudi haben kann. Er sollte etwas mehr Verständnis haben, wenn ich mal einen Scheiß baue. Ich finde positiv, dass er so diskutierfreudig ist, und dass er mich kritisch erzogen hat. Er soll sich nicht aufregen, wenn wir die Haare färben, nur weil es im Dorf „blöde Redereien“ gibt.

Ich finde, die Beziehung zwischen meinem Vater und mir ist sehr gut. Ich kann alles mit ihm besprechen und meine Probleme mit ihm ausreden. Er ist meistens gut drauf und man kann jeden Blödsinn mit ihm machen. Er ist zwar sehr schnell aufgebracht, aber dann ist alles gleich wieder o. k. Ich bin froh, dass ich meinen Vater noch habe, und hoffe, dass das länger noch so bleiben wird. Ich wüsste nicht, wie ich es ohne ihn machen würde.

Dennoch gehört er zu meinem Leben

Söhne und Töchter nach Trennung und Scheidung

Hier sind ausschließlich Geschichten von Söhnen und Töchtern zwischen 14 und 19 Jahren vereint, die in Trennungs- und Scheidungssituationen leben. Einige Dramen tun sich auf, wenn diese Kinder erzählen. Es gibt harte, aber auch erfreuliche Geschichten und es steht niemand zu, sich als Richter aufzuspielen. Es ist die Rede von Hass und Verweigerung, aber ebenso von Liebe und guten Kontakten zu den Vätern. In der Wertung der Väter scheint es einen Unterschied zu machen, ob die Kinder noch oder wieder ein Verhältnis zu ihm haben. Bei manchem Hass gegenüber dem „Erzeuger“ drängt sich die Frage auf, woher er kommt. Manche Perspektive scheint authentisch, manche auch übernommen.
Oft zeigt sich, dass in einem bestimmten Alter die Frage nach dem Vater wieder auftaucht, und dass die Kinder wieder eine Beziehung zu ihm suchen, auch wenn die Begegnungen manchmal von einiger Ratlosigkeit gezeichnet sind. Hin und wieder sind es verzweifelte Versuche der älter gewordenen Kinder, das wiederherzustellen, was in ihrer Phantasie einmal war. Ein Thema ist der Vater auf jeden Fall, sei es im Hass oder in der Liebe. Im Schnitt sind die Geschichten dieser Jugendlichen länger und intensiver. Als nur eine „flüchtige Bekanntschaft in meinem Leben“ abzuhaken ist der Vater selten. Ehrlich und auf einen Punkt gebracht ist die Einsicht: „Ich wäre nicht so, wie ich bin, wäre es damals nicht gewesen, wie es war.“

Es wäre vermessen, alle diese Geschichten über einen Kamm zu scheren. Sie sind viel mehr zum ehrlichen Nachdenken da. Sie sind ein Stück Realität, mit der wir leben. Für betroffene Väter ist vielleicht die Einsicht tröstlich, die immer wieder auftaucht: dass er, bei allem, was war, „zu meinem Leben gehört".

Söhne:

Mein Vater und ich hatten noch nie eine wirkliche Beziehung. Als ich zwei Monate alt war, versoff er das ganze Karenzgeld meiner Mutter, weil er es nicht aushalten konnte, wenn ich schrie. Als ich ein halbes Jahr alt war, zogen meine Mum und ich hierher. Fast 18 Jahre lang hatte er nichts von sich hören lassen. Und als er dann eines Tages mal anrief, ließ Mum ihn am Telefon abblitzen. Ich fragte sie: „Wollte er mit mir reden?" Sie sagte: „Ja." Dann sagte ich zu ihr: „Ich bin froh, dass du gesagt hast, ich wäre nicht da." Der Hass auf ihn ist viel zu groß.

Ich kenne meinen Vater nicht. Meine Mutter hat mich mit 16 Jahren bekommen. Daher kann ich nichts darüber sagen. Ich weiß auch nicht, was man mit einem Vater so unternehmen und reden kann. Meine Mutter war für mich beide Personen in einem. Ich bin auch so sehr gut zurechtgekommen. Ich denke mir auch manchmal, dass es vielleicht besser so ist. Wer weiß, was er für ein Typ war oder geworden wäre.

Es war vor ca. 16 Jahren, da gebar eine Mutter einen Sohn. Dieser Sohn wuchs in nicht sehr noblen Verhältnissen auf. Der „Vater" wollte nach zwei Monaten nichts mehr von seinem Sohn wissen. Er ließ die Familie im Stich, heiratete eine andere Frau und adoptierte zwei Kinder. Er ließ sein eigenes Kind im Stich, um zwei fremde Kinder zu adoptieren. Nachdem der Sohn nun größer ist, will er seinen Vater gar nicht mehr kennen lernen. Denn er nennt ihn nicht Vater, sondern nur Erzeuger. Denn ein Vater, der seinen Sohn im Stich lässt, um zwei fremde Kinder zu adoptieren, ist kein Vater, sondern nur Erzeuger.

Mein Vater ist eine flüchtige Bekanntschaft in meinem Leben.

Mein Vater ist Postbeamter. Er hat sich vor einigen Jahren von meiner Mutter scheiden lassen. Wir hatten danach lange Zeit keinen Kontakt mehr. Ich versuchte, ihn mal telefonisch zu erreichen, aber ich hatte die falsche Nummer. Als ich letztes Jahr mit meiner Freundin einen Ausflug machte, habe ich ihn per Zufall wieder getroffen. Seitdem haben wir wieder Kontakt zueinander. Allerdings ist es ein wenig komisch, wenn wir uns treffen, da wir uns ja jahrelang nicht gesehen haben.

„Vater" – im Fernsehen habe ich so was ab und zu gesehen, sonst eher weniger. Früher hab ich ihn manchmal gesehen, jetzt alle drei Jahre oder so, wobei ich niemandem Vorwürfe dafür mache. Es ist ein fach fast alles schief gegangen in „unserer Familie". Darum fällt es mir schwer, über eine Vater-Sohn-Beziehung zu schreiben. Aber (Zitat): „Ich wäre nicht so, wie ich bin, wäre es damals nicht gewesen, wie es war."

Ich hatte nie einen Vater. Darum habe ich zwar keine Probleme mit einem Vater und ein gutes Verhältnis zur Mutter. Aber ich wünsche, ich hätte einen gehabt, der mir Anerkennung gibt, mir ein Vorbild ist, der für mich da ist, mich unterstützt, mit dem ich etwas unternehmen kann, der mit mir über meine Probleme redet und der Verantwortung für mich übernimmt.

Ich habe nicht viel mit meinem Vater zu tun, das heißt, ich habe ihn erst vor fünf oder sechs Jahren kennen gelernt. Er besucht mich vielleicht viermal im Jahr, weil seine jetzige Frau meine Mutter und mich nicht akzeptiert. Sie darf nicht wissen, dass er zu mir kommt. Mein Vater kommt immer ganz heimlich. Meine Halbschwestern und -brüder habe ich noch nie gesehen. Aber trotzdem bin ich stolz auf meinen Vater. Denn ich weiß, er mag mich und gibt sich wirklich Mühe.

Die biologische ist wohl die einzige 100%ige Beziehung zu meinem Vater. Dennoch, er gehört auch zu meinem Leben, gewollt oder nicht gewollt.

Meinen Vater habe ich fast ein Jahr nicht gesehen. Als Kind mochte ich ihn und hatte Respekt vor ihm. Heute „hasse“ ich ihn, weil er mich als Lügner beschimpft hat. Er und meine Mutter sind geschieden, aber er hat wieder eine Freundin und ein Kind. Meine Mutter und wir Geschwister haben nichts mehr mit ihm zu tun. Er ist Alkoholiker und hat geraucht, war ziemlich oft betrunken und das hat womöglich die Ehe gestört. Ich weiß nicht, ob er heute noch trinkt. Er hat mich nicht oft geschlagen und sonst hat er sich entschuldigt.

Mein Vater kann nicht kochen. Er wohnt im Ausland, weil meine Eltern geschieden sind. Er hat durch die

Scheidung gelernt, Nudeln zu kochen mit Soße aus dem Glas. Er ist sehr sorgfältig und kommt mich abholen. Er ist wie eine Erlösung von meiner Mutter. Er bemüht sich, immer alles gut zu machen. Sein Salat ist das Einzige, was er immer schon gut machen konnte. Für mich ist er eine Erlösung aus dem Alltagstrott. Er ist übersauber. Vor allem versteht er mich viel besser als meine Mutter, weil er immer daran denkt, wie er dachte, als er jung war. Meine Mutter ist viel zu perfektionistisch und macht aus Mücken Elefanten. Oft, wenn ich mit ihm spazieren gehe, meinen viele, er sei mein älterer Bruder. Ich streite nicht oft mit ihm. Wenn ich etwas anstelle, sagt er mir einfach die Konsequenzen. Er hat nicht massig Geld, aber was er hat, ist von bester Qualität. Er hat zwar nie studiert und sagt mir immer, dass ich nur durchkommen muss, auch mit allen Vierern. Er kann meine Gedanken und Gefühle am besten nachvollziehen. Er sagt mir, dass diese Schule ihm auch schwer gefallen wäre. Ich kann behaupten, dass ich ein gutes Verhältnis zu ihm habe. Als die Eltern noch zusammen waren, hatten sie wohl zu viel Meinungsverschiedenheiten; das hat mich sehr getroffen. Er hat inzwischen eine Freundin, die ich gern habe. Er hat mich nie geschlagen.

Obwohl ich meinen Vater erst einmal gesehen habe, habe ich eine sehr gute Beziehung zu ihm (telefonisch). Dadurch, dass er weit weg wohnt, habe ich noch nicht die Chance bekommen, ihn einmal allein zu besuchen. Heuer fahren wir vielleicht zu ihm nach Hause (es ist noch nicht sicher). Zu Geburtstag, Weihnachten und Ostern hat er, seit ich auf der Welt bin, jedes Mal geschrieben. Ich finde, dass er der beste Vater ist, obwohl ich ihn persönlich nur ein bisschen kenne.

Töchter:

Von meinem richtigen Vater halte ich nicht viel. Er hat den Kontakt zu mir abgebrochen. Meinen Stiefvater hab ich sehr gern. Er versteht mich wenigstens und redet mir nicht drein. Er hilft mir genauso wie meine Mutter, wenn ich Probleme habe. Ich versteh mich auch sonst super mit ihm. Er hat wenigstens Humor, im Gegensatz zu meinem anderen Vater. Er ist einfach megalieb. Er schreibt mir nicht vor, was ich zu tun habe. Er nimmt mich so, wie ich bin.

Am Anfang empfand ich Hass und Ekel für meinen richtigen Vater. Er hatte meine Mutter und mich ganz allein gelassen, nicht einmal Blumen oder nach mir gefragt oder mir ein kleines Geschenk gemacht. Meine Mutter lernte einen neuen Mann kennen, der sich liebevoll und fürsorglich um uns kümmert. So kam es, dass ich ihn als meinen Vater ansah und er mir zu einer schönen Kindheit verholfen hat. Doch dann kam das Alter, in dem ich mich für meinen richtigen Vater interessierte. Ich besuchte ihn immer öfter, vergaß eine Zeit lang meine Eltern und tat alles für ihn, denn er war mir ja so wichtig. Ich wollte ihm helfen, denn er war Alkoholiker. Er trank viel und hörte nicht auf. Das kapierte ich einfach nicht. Die Zeit verging und ich fand mich mit all dem ab.
Dieses Jahr zu Weihnachten kam dann der Ausbruch meiner Gefühle. Als er sturzbetrunken zu meiner Oma kam und irgendwas daherschwafelte, schrie ich ihn an, obwohl ich das nicht wollte. Als ich wieder einmal bei Oma war, sagte sie, dass er nicht mehr trinke. Seither ist es ein halbes Jahr her und er trinkt keinen Schluck mehr. Heute gehe ich ihn öfter besuchen. Doch kürzlich löschte er mir wieder einen kleinen Traum aus, als er mich auf gewisse Art und

Weise verleugnete. Gott sei Dank, dass ich noch einen zweiten lieben Vater habe.

Als ich fünf Jahre alt war, ließen sich meine Eltern scheiden. Ich bekam noch nicht allzu viel mit. Wenn ich an meinen „Vater“ denke, fällt mir nur ein, dass er nie zu Hause und oft betrunken war und dass er einmal meine Mutter geschlagen bzw. geohrfeigt hat vor mir, und ich war gerade einmal vier. Nachdem meine Eltern geschieden waren, war es sehr schwer für meine Mutter. Zwei Kinder und arbeiten musste sie ja auch. Meine Mutter war und ist für mich immer Vater und Mutter gleichzeitig.
Die letzten paar Jahre hatte mein Vater drei Herzinfarkte und ich glaube, er hat Angst zu sterben. Langsam, aber sicher meldet er sich wieder, aber ich blocke voll ab. Er ist mir scheißegal, wie ich es ihm die ganzen Jahre war. Für mich ist er kein Vater, nur ein „Erzeuger“.

Als ich eineinhalb Jahre alt war, ließen sich meine Eltern scheiden. Jetzt habe ich den Vater seit fünf Jahren nicht mehr gesehen. Er war eigentlich nie richtig für uns da und hat nur meine Mutter und meine Stiefmutter in Ärger reingezogen. Meinen Freund kann ich mir sehr gut vorstellen als Vater. Er würde nämlich alles für mich tun und für sein Kind. Er ist sehr kinderlieb und redet jetzt schon von Kindern, und was er mit ihnen anstellen würde.

Meinen „Erzeuger“ kenne ich nicht, will ich auch gar nicht. Ich betrachte nun den neuen Mann meiner Mutter als neuen, richtigen Vater. Er ist gut zu mir und ich denke mir oft, was wäre, wenn mein „Erzeuger“ bei meiner Mutter geblieben wäre. Mein neuer Vater ist gut zu mir und wir unternehmen auch viel zusammen. Ich bin froh, dass ich ihn habe und hoffe, dass er noch lange bei uns bleibt.

Mein Vater hat wenig Zeit für mich, weil er eine zweite Familie hat. Er hat zwar viel Geld, gibt aber fast nichts her. Ich kenne ihn viel zu wenig, um mehr über ihn sagen zu können.

Also, mein Dad ist einer meiner wichtigsten Gesprächspartner. Allerdings ist das etwas schwierig, weil er, seit ich vier oder so war, nicht mehr bei uns wohnt und nun einige Autostunden von mir entfernt lebt. Aber ich finde das nicht schlimm, weil ich mich immer auf die Wochenenden mit ihm freue, und zwar viel intensiver als auf alle anderen. Es kommt so selten vor, dass ich mit ihm streite, und wenn, dann vertragen wir uns gleich wieder. Seit ein paar Monaten hat sich mein Verhältnis zu ihm noch mehr gebessert. Ich hatte einige Probleme mit Freunden und in der Schule. Eigentlich wollte ich mit meiner Mutter nicht darüber reden, denn sie hat mein Vertrauen schon zu oft missbraucht. Als ich Weihnachten wieder beim Vater war, habe ich ihm alles erzählt, und seit damals weiß er so ziemlich alles über mich. Wenn ich irgendein Problem habe, kann ich mit ihm darüber reden (Telefon, E-Mail). Er hat mein Vertrauen noch nie missbraucht (oder zumindest weiß ich es nicht). Mein Dad ist einfach Spitze.
Zum Schluss muss ich noch sagen, dass ich diese Situation nicht ändern möchte, auch wenn ich es könnte. Ich freue mich schon heute auf das nächste Treffen in zehn Tagen. Wenn wir zusammen sind, erleben wir das immer sehr intensiv. Außerdem habe ich durch diese Situation zwei neue Familien bekommen: Meine Mutter hat einen neuen Freund und der hat eine Tochter (meine beste Freundin) und mein

Dad hat eine neue Freundin. Sie hat auch zwei Kinder, mit denen ich mich super verstehe. Ich liebe meinen Dad über alles.

Ich glaube, dass viele meine Situation nicht verstehen können, in der ich stecke. Mein Vater ist bereits siebenundsechzig Jahre alt, was für mich persönlich kein Problem ist, man kann eh nix daran ändern. Die Familie meiner Mutter mag ihn nicht besonders, auch mit meiner Mutter kommt er nicht besonders gut aus. Deshalb habe ich auch ein geprägtes Bild von ihm aus der Sicht meiner Mutter und ihrer Verwandten. Ich bin nicht gerade ein „Wunschkind" gewesen in der dreijährigen Beziehung meiner Eltern. Mein Vater war zu dieser Zeit nämlich noch verheiratet und hatte selber fünf Kinder. Nach der Trennung meiner Eltern vor meiner Geburt hat er sich nicht mehr bei meiner Mutter gemeldet. Als ich geboren wurde, hat er nochmals versucht, Kontakt aufzunehmen, der jedoch von meiner Mutter verweigert wurde. Meine Mutter wollte auch nicht, dass er Kindergeld zahlt, weil er dann Besuchsrecht gehabt hätte.
Ich kenne meinen Vater, ich mag ihn sehr, obwohl wir uns noch nicht lange kennen. Mit meiner Mutter habe ich deswegen jetzt eine seltsame Beziehung. Ich glaube, sie hat ein schlechtes Gewissen, weil sie mir meinen Vater so lange verschwiegen hat. Sie hat Angst, dass er sich meine Liebe erkaufen könnte, aber das glaube ich nicht. Sie versucht es in letzter Zeit selbst immer wieder mit Geschenken und Kleinigkeiten bei mir. Sie versteht mich nicht so, wie ich es gern hätte. Ich glaube, kein Geschenk der Welt kann einen Vater ersetzen, auch wenn es jahrelang getan wurde.

Meinen Vater treffe ich nur alle zwei Monate, da meine Eltern schon seit vielen Jahren geschieden sind. Er ist bei einer Sekte und meiner Meinung nach sehr konservativ. Früher hatte er lange Haare und hat mich immer auf Motorradfeste mitgenommen, aber das tut er jetzt nicht mehr – das finde ich schade. Jetzt hat er ein geordnetes Leben in seiner kleinen Welt, in der mein Bruder und ich nicht viel Platz haben. Er hat längst aufgehört, mich zu missionieren, obwohl er um mein „Seelenheil" besorgt ist. Ich glaube manchmal, er hat ein schlechtes Gewissen, weil er sich nie sonderlich um uns gekümmert hat, und er macht mir trotz seiner geringen finanziellen Mittel große Geschenke. Mein Vater weiß wenig über mich, da er mit meinem Lebensstil nicht einverstanden wäre, weil er sich eben streng an die Regeln seiner Sekte hält.

Was soll ich sagen? Früher half mein Vater immer zu mir, als ich Streit mit meiner Mutter hatte. Jetzt kann er das nicht mehr, da sie geschieden sind und ich bei meiner Mutter lebe. Ich weiß jetzt, dass sie nicht schuld ist, dass sich meine Eltern trennten. Er hat sie betrogen, aber ich war damals noch zu klein, um zu verstehen, dass sie nicht schuld ist, dass mein Daddy nicht mehr da ist. Ich habe schon viele Geschichten über meinen Vater gehört, er sei ein „Weiberheld" und lauter so Geschichten. Aber er ist mein Daddy, hilft mir, wenn ich Probleme habe, und mir ist egal, was er sonst macht.

Ob mein Vater stolz auf mich ist? Ich kann nur sagen, ich weiß es nicht. Ich habe ihn erst vor einem Monat wieder mal kurz gesehen, drei Tage lang. Als ich jünger war, habe ich viel öfter etwas mit ihm unternommen. Gemeinsam bin ich mit ihm zur Arbeit gegangen oder in den Garten. Als ich dreizehn war, änderte sich das Ganze. Ich verstehe mich nicht mehr so gut mit ihm wie früher. Doch ich habe meinen Vater gern und er mich auch. In dem Punkt wahre Gefühle zu zeigen, sind wir beide gleich – wir können es einfach nicht!

Ich habe zu meinem Vater ein echt gutes Verhältnis. Vielleicht liegt das daran, dass wir uns nicht jeden Tag sehen. Als ich drei Jahre alt war, sind meine Mutter und ich weggezogen. Irgendwie habe ich meinen Vater damals vermisst. Doch ich habe ihn oft besucht am Wochenende oder in den Ferien. Jetzt, elf Jahre später, gehe ich fast jedes Wochenende zu ihm. Wenn ich dann abends weggehe, sagt er auch nichts, wenn ich einmal eine Viertelstunde zu spät nach Hause komme. Wenn ich Probleme mit meinem Freund oder anderen Sachen habe, hat er immer ein offenes Ohr für mich. Ich bin der Meinung, dass ich einen der liebsten Väter der Welt habe.

Er ist mein Geld- und Liebe-Geber zugleich

Töchter an höheren Schulen

Die Grundthemen wiederholen sich auch in einigen exemplarischen Geschichten von jungen Frauen zwischen 14 und 17, die die Oberstufe höherer Schulen besuchen. Es sind Geschichten von mehr oder weniger gelungenen Beziehungen. Sie sparen nicht mit Kritik an nicht partnerschaftlichen Geschlechterrollen, mit Kritik am Macho-Papa, aber auch am Workaholiker, am Vater, der keine Zeit hat oder für sie nicht greifbar ist. Sie scheuen sich nicht, seelische Schmerzen und Verletzungen zu benennen, die ihnen von ihren Vätern zugefügt wurden. Am eindringlichsten taucht immer wieder das Leid auf, das von der mangelnden Anteilnahme bis zur persönlichen Abwertung reicht.

Daneben stehen aber auch die Geschichten von gegenseitiger Liebe, von Respekt und Stolz, von gemeinsamem Lachen, vom Streiten und Versöhnen. Streitbar scheinen sie ja durchaus zu sein, diese Töchter, und manch eine gibt zu, dass sie nicht immer nur pflegeleicht ist. Das Streiten mit dem Vater, die Auseinandersetzung über verschiedene Meinungen gehört für sie dazu und ist nicht der Kritikpunkt. Viel wichtiger ist ihnen, dass sie die väterliche Anerkennung bekommen, dass der Vater auf sie stolz ist: „Das gibt mir wieder die notwendige Kraft für den Alltag.“

Sie schätzen es nicht nur, wenn sie mit ihm lachen oder streiten können, sondern auch, wenn der Vater zuverlässig ist, wenn sie auf ihn bauen können und sie das Gefühl haben, dass er für sie da ist, wenn sie ihn brauchen. Sie brauchen seine Hilfe, um auf die eigenen Beine zu kommen, und nicht, um von ihm abhängig zu sein. Kritik und Nörgeleien schwächen sie oder führen zu verständlichem Trotz. Rat und Anerkennung, Vertrauen und Freiräume hingegen machen sie stark für das Leben. Immer wieder zeigt sich, dass die Töchter mehr spüren und mitbekommen, als der Vater vielleicht zum Ausdruck bringen kann: „Man muss ihn kennen, um zu wissen, wie großartig er ist!“

Mein Vater bringt das Geld nach Hause; ist absolut ordnungsliebend; ist vorlaut; kommt sich total gut vor; geht mir und meiner Mutter auf die Nerven; denkt, dass er der Beste ist, und deshalb kann ich mit ihm nicht normal reden, da er mich nicht ausreden lässt und denkt, dass ich überhaupt nicht Recht haben kann, weil ich erstens weiblich und zweitens ein „Kind“ bin; ist das reinste Knochengestell und redet von seinem „französischen Luxuskörper“; ist leicht zu überreden – wenn er gegen etwas ist, das ich tun will, erlaubt er es mir nach kurzer Zeit trotzdem; will sich immer bedienen lassen, findet aber niemanden, der das tut; denkt, er weiß alles, was ich tagsüber mache, obwohl er nur zu Mittag und am Abend zu Hause ist; denkt nur an Essen und Nachrichten.

Mein Vater hat viel zu wenig Zeit, weil er zu viel arbeitet. Meist kommt er spät nach Hause. Nur am Sonntag hat er Zeit für die Familie. Ich sehe meinen Vater zu wenig und unser Vater-Tochter-Verhältnis ist dadurch sehr strapaziert. In den Ferien kommen wir sonst gut miteinander klar und wir können auch gut miteinander sprechen.

Ich kann mit meinem Vater alles machen. Es ist nicht so wie bei manch anderen Mädchen, dass gewisse Sachen mit der Mutter und gewisse mit dem Vater erledigt werden. Ich kann mit ihm über alles reden oder alles mit ihm unternehmen. Es ist lustig mit ihm zusammen, weil er zu jeder Sache einen Witz weiß, auch wenn sie gar nicht komisch erscheint. Aber auch er hat seine Launen. Wenn er schlecht gelaunt ist, was eigentlich eher selten vorkommt, kann er ganz schön nerven. Aber wenn er gut gelaunt ist, lässt sich mit ihm gut verhandeln. Was ich super finde, ist, dass ich bei ihm kochen gelernt habe. Das war immer sehr lustig, weil er grundsätzlich ohne Rezept kocht. Ich glaube, es wäre nicht einfach für mich, ohne meinen Vater zu leben – wenn nicht sogar unmöglich.

Mein Dad ist schon gegen 60 und in mancher Hinsicht altmodisch. Er spricht, wenn ich am Abend weg will, immer von früher: Als deine Mama so alt war wie du ... und als wir früher ... Das ist sehr nervtötend und dann sagt er immer, dass die, die jedes Wochenende in meinem Alter weg dürfen, nichts werden. Dass ich nicht lache, ist eh schon alles. Sonst kann man mit meinem Dad über alles reden. Er spinnt nicht gleich herum, wenn ich einen Fleck nach Hause bringe, sondern wir reden darüber, wie wir es nächstes Mal verhindern könnten, und das klappt dann meistens auch. Im Gegensatz zu meiner Mom ist er der, der die Nerven behält, wenn ich was ausgefressen habe. Aber wenn ich ihm bei der Arbeit helfen sollte und ich schau dann blöd drein, weil ich absolut keinen Bock hab, nach der Schule noch zu arbeiten, ist er tagelang beleidigt und ich muss nichts mehr gutmachen wollen. Er ist ein ziemlich sportlicher Typ für sein Alter und will mich immer überreden, mit ihm irgendwelche Rad- oder Bergtouren zu machen, damit er nicht allein gehen muss. Eine große Leidenschaft von ihm ist Italien; bei jeder Gelegenheit macht er dort Urlaub. Alles in allem ist mein Dad ein super Typ!

Mein Vater ist eine Autoritätsperson. Sein Wort zählt mehr als das meiner Mutter, obwohl sie mehr Zeit für mich hat. Mein Vater ist mir sehr ähnlich. Ich kann lange Spaziergänge mit ihm machen und mit ihm stundenlang über Politik oder Religion diskutieren. Er ist konservativ und tut sich schwer, die aktuelle Realität zu akzeptieren. Er möchte mich beschützen, aber er achtet darauf, dass ich eine Chance kriege, auf eigenen Beinen zu stehen. Er mochte es nicht, als ich einen Freund hatte, aber er hat es akzeptiert. In letzter Zeit versucht er immer mehr, mich als gleichwertig zu akzeptieren, was meine Mutter wohl nie machen wird. Als kleines Kind habe ich immer gemeint, mein Vater ist so stark, dass er keine Gefühle hat. Doch als mein Bruder einen Unfall hatte, habe ich gemerkt, dass mein Vater genauso viele Gefühle hat wie ich oder meine Mutter. Mein Vater hat mich nie körperlich misshandelt, aber er hat mich mit Worten geschlagen, was noch viel mehr schmerzt. Doch auch ich habe ihn mit Worten geschlagen, denn unsere Diskussionen arten manchmal (selten) in Streit aus, aber er nützt seine körperliche Überlegenheit nicht aus. Ich habe viel von ihm gelernt, und doch möchte ich nicht so werden wie er, da er viele seiner Ziele niemals erreicht hat. Ich schätze ihn sehr, obwohl er wenig Zeit für mich hat, was mir egal ist, da ich sowieso gern allein bin. Wenn er Zeit für mich hat, dann ist er nur für mich da. Wenn ich ein schweres Problem habe, sage ich es entweder niemandem oder meinem Vater. Mit Alltagsproblemen belästige ich ihn nicht, das ist ja unwichtig. Kurz gesagt glaube ich, dass mein Vater mich liebt, wie auch ich ihn liebe, dass er mich respektiert, wie auch ich ihn respektiere, obwohl ich ganz andere Ansichten habe als er. Es fällt ihm schwer, mich mein Leben leben zu lassen, doch er ist dazu fähig.

Mein Vater ist sehr wichtig für mich. Er weiß zwar nicht sehr viel von mir, aber ich könnte ihm alles erzählen. Er vertraut mir, und das ist sehr wichtig. Er kontrolliert mich nicht, denn er weiß, wo ich bin, und er muss sich keine Sorgen machen. Unser Verhältnis hat sich sehr positiv verändert. Ich wüsste gar nicht, was ich tun würde, wenn sich meine Eltern trennen würden. Aber etwas weiß ich: Mein Vater und ich werden immer Kontakt haben, egal ob er zu Hause wohnt oder nicht!

Als Erstes fällt mir ein, dass ich meinen Vater sehr lieb habe. Ich schätze an ihm, dass er seine Versprechen immer hält. Was mich manchmal nervt, ist seine Konsequenz. Man kann ihn schwer überreden. Trotzdem lassen mir mein Vater und meine Mutter genug Freiheit, die ich sehr schätze. Außerdem weiß ich, dass er immer für mich da ist, z. B. wenn ich Mathe wieder einmal nicht kapiere. Ich bin glücklich, so einen Vater zu haben.

Mein Vater ist der einzige Mensch, vor dem ich Respekt habe. Das Verhältnis zu ihm ist sehr gut, er ist Geld- und Liebegeber zugleich. Ich bewundere ihn, weil er es beruflich so weit gebracht hat. Ich kann mit ihm viel besser reden als mit der Mutter und ich vertraue ihm. Ich kann ihn in fast jeder Situation um den kleinen Finger wickeln (z. B. beim Einkaufen ...).

Eigentlich habe ich ein ziemlich gutes Verhältnis zu ihm. Ich könnte ihm zwar nicht so viel anvertrauen wie meiner Mutter, aber ich kann mit ihm sehr gut lachen. Ich glaube, ich habe seinen Humor vererbt bekommen. In vielen Dingen haben wir unterschiedliche Meinungen und da fangen wir gleich zu streiten an, weil wir beide Sturköpfe sind. Der Altersunterschied zwischen uns ist schon sehr groß und wahrscheinlich gibt es darum auch oft Probleme. Aber ich habe ihn total gern, und wenn er ein paar Tage weg ist, vermisse ich ihn sofort. Ich bin froh, dass ich ihn habe, und er wird sicher für meine Kinder auch einmal ein super Großvater sein!

Wenn er nicht wäre, käme ich mir in unserer Familie verloren vor.

Ich bin sein einziges Kind, und doch verbringen wir nicht sehr viel Zeit miteinander. Immer wenn er was mit mir unternehmen möchte, erfinde ich Ausreden und habe meistens keinen Bock, mit ihm wegzugehen. Irgendwie möchte er mir immer wieder näher kommen, doch ich blocke dauernd ab. Er ist total nett, aber er hat es wirklich schwer mit mir. Mehr möchte ich dazu nicht sagen.

Mein Vater ist ein zu groß geratenes Kind. Er ist zwar außen alt, aber innen noch viel kindischer als ich. Irgendwie nervt es ein bisschen, aber es ist auch schön. Wenn ich z. B. eine gute Note heimbringe, ist er ganz stolz auf mich und knuddelt mich ganz fest.

Ich habe fast keinen Bezug zu meinem Vater, da er geschäftlich sehr oft unterwegs ist und ich ihn fast nie sehe. Wenn er abends nach Hause kommt, sitzt er meist vor dem TV und geht früh ins Bett. Ehrlich gesagt habe ich gar keine Lust, meinem Vater irgendetwas (z. B. was mich bedrückt ...) zu erzählen, weil er überhaupt nicht zuhören kann. Außerdem ist er meistens sehr genervt, weil er einen ziemlich stressigen Beruf hat. Ich habe auch das Gefühl, dass er sich gar nicht richtig für mich interessiert oder für das, was ich mache. Ich denke, die Situation würde sich ändern, wenn er mehr zu Hause wäre.

Mein Vater ist eigentlich nicht mein Vater, mal rein zeugungstechnisch gesehen, doch als ihn meine Mama nach Hause brachte und ich ihn von mir aus „Papa" nannte, war er mein Papa. Er ist der zuverlässigste Mensch, den ich kenne. Wenn wir uns treffen, weiß ich, dass er schon fünf Minuten früher da sein wird. Er ist sehr fair, verwöhnt keinen von uns extra und mit ihm streiten ist schwer, weil er eine nüchterne, aber nicht gefühllose Art hat, Dinge, Personen und Einstellungen zu sehen. Er zwingt mich nie, so zu sein, wie er mich haben möchte – über gefärbte Haare und zerrissene Jeans lacht er nur. Es ist ihm jedoch wichtig, dass wir miteinander höflich umgehen, dass wir „Guten Morgen" sagen und meiner Mama im Haushalt helfen, dass ich ihm erzähle, wie es mir geht oder so kleine Dinge. Das Wort, mit dem ich meinen Papa am besten beschreiben könnte, ist: harmonisch. Selbst sein Autofahrstil ist sicher und vernünftig. Emotionen kann er auch zeigen, wobei er kein Softie oder so ist. In seiner Firma ist er großem Druck ausgesetzt, man versucht halt, so viel wie möglich aus einer Arbeitskraft herauszuholen; wir in der Familie bekommen das alle mit. Vielleicht ist das der Grund, dass ich politisch aktiv bin. Ich merke, dass mein Vater meine Mama sehr liebt. Er macht sich manchmal Sorgen um sie (Gesundheit), und obwohl ich Ehen ablehne, glaube ich, dass meine Eltern das Bestmögliche aus dieser Geschlechtsverbindung holen. Alles in allem würde ich ihn nicht hergeben, ich mag ihn wirklich sehr. Das klingt nun typisch nach Vater-Tochter-Anhimmeln, doch ich kann sagen, dass ich mich hoffentlich in so einen Menschen verlieben werde.

Was ich total gut finde, ist, dass mein Vater ganz selbstverständlich kocht, putzt und Wäsche wäscht.

Mein Vater sagt zwar nie, dass ich ihm sehr viel bedeute, aber so etwas merkt man einfach, denn manche Menschen können ihre Gefühle eben nicht so zum Ausdruck bringen, wie sie es gern würden. Er sieht mich, glaube ich, nicht mehr als sein „kleines, süßes Töchterlein" an, sondern als eine erwachsene Frau. Ich persönlich glaube, dass mir mein Vater sehr fehlen wird, wenn er irgendwann mal nicht mehr da sein wird.

Mein Vater ist zwar ein kleiner Workaholiker, aber er kocht auch für sein Leben gern (was er auch wirklich gut kann) und legt viel Wert auf Esskultur. Bei ihm kommt auch nur ein ausgewählter Wein ins Glas. Was das Essen betrifft, ist er der totale Genießer. Auch wenn wir manchmal verschiedener Meinung sind und er dann auch stur werden kann, finde ich es toll, dass gerade er mein Vater ist. Mir ist auch wichtig, dass er nicht der Mensch ist, der Fußball schaut und sich das Bier von der Frau holen lässt. Er ist der Mensch, mit dem man am Abend mit einer Flasche Wein beisammensitzt und in stundenlange Gespräche und Diskussionen verfällt.

Bei manchen Problemen hab ich zu meinem Vater nicht so den Zugang wie vielleicht bei jemandem anders. Dann steht mir meine Mutter bei. Der Grund dafür könnte sein, dass mein Vater seinen Vater nicht lange zu Rate ziehen konnte, weil er, soviel ich weiß, vor seiner Pubertät gestorben ist und er daher in seiner Problemphase keine männliche Bezugsperson hatte. Er versucht aber sein Bestes für mich zu geben und das reicht auch.

Mein Vater und ich hatten immer eine ziemlich gute Beziehung. Oft standen wir in der Früh auf und fuhren dann ins Ried, um Rehe und andere Tiere zu beobachten. Doch einmal stritten wir extrem. Wir schrien uns an und der letzte Satz von ihm war: „Du bist nicht länger meine Tochter!" Daraufhin redeten wir ein oder zwei Wochen nicht mehr miteinander – kein Satz, kein Wort und auch kein Blick. Es tat mir sehr weh, aber mein Stolz ließ es nicht zu, dass ich zu ihm hinging und mich entschuldigte. Irgendwann versöhnten wir uns dann, aber unsere Beziehung zueinander ist nie mehr so gut geworden wie früher, auch heute nicht.

Zu meinem Vater hatte ich früher ein ziemlich gutes Verhältnis. Er war mein Trainer und zugleich der Coach. Das brachte mich dazu, sehr gut im Sport zu sein. Leider war dieser Zustand nur von geringer Dauer. Eines Tages beim Training stürzte ich schwer. Der Arzt verbot mir, für mehr als drei Monate zu trainieren. Anfangs konnte ich mir ein Leben ohne meinen Sport gar nicht vorstellen, doch erst später sah ich, wie viel Freizeit ich hatte, und ich gewann auch neue Freunde. Vaters Traum platzte. Jetzt konnte er mich nicht mehr groß rausbringen. Anfangs versuchte er mit fiesen Mitteln wie Geld, Klamotten etc. mich wieder zum Neueinstieg zu motivieren. Doch ich wollte nicht mehr. Ein langer Prozess begann. Seit diesem Zeitpunkt reden wir kaum noch miteinander. Vor anderen Menschen macht er mich auch runter und sagt, dass ich eine Null bin. Das tut weh, sehr weh. Doch dass ich mit dem Sport aufgehört habe, bereue ich bis heute nicht.

Mein Vater hat mich nur einmal verletzt: Er war betrunken und machte mir klar, dass er ausziehen und sich scheiden lassen wird. Damals war ich noch jung und merkte nicht, dass er betrunken war.

Wenn ich mit meinem Vater irgendwohin gehe, z. B. in seine Stammkneipe, und er lädt mich auf ein Getränk ein und will zahlen, kommt die Bedienung, und da es sein Stammlokal ist, kennt er sie natürlich und dann geht das Erzählen von mir los: Wie klug ich doch bin und wie freundlich und welche Noten ich in der Schule habe. Das erzählt er immer wieder, und da mein Vater viele Leute kennt, kennt nun auch mich schon das halbe Dorf vom Hörensagen und das halbe Dorf kennt meine Schulnoten (zwangsweise!). Ich kann nur sagen, mein Vater ist stolz auf mich, vor allem auf die Dinge, die ich mache, die er nie hätte tun können, weil es ganz einfach eine andere Zeit war und er nicht die Möglichkeiten hatte wie heute.

Ich glaube, dass viele in meinem Alter froh wären, wenn sie so einen verständnisvollen Vater hätten. Sein Motto lautet: „Ich teile meinen Kindern zwar mit, was ich von ihren Entscheidungen halte, jedoch lasse ich sie die eigenen Fehler machen, denn, wie es so schön heißt, aus diesen lernt man.“ Hoffentlich!

Ich bin von zu Hause ausgezogen. Er war immer gemein zu mir und kritisierte mich ständig. Er sagte immer gemeine Sachen zu mir und meinte dauernd, er sei im Recht und ich immer im Unrecht. Als ich noch zu Hause war, war ich ständig der Sündenbock. Ich hielt es wegen ihm einfach nicht mehr aus zu Hause. Jetzt wohne ich beim Bruder meiner Mutter und da geht es mir gut.

Mein Vater hat den typischen Vaterkomplex. Er glaubt, er müsse mich, seine einzige Tochter, vor der Welt beschützen und mich am Erwachsenwerden hindern. Diese kleinen Differenzen sind aber nur zu Hause bemerkbar. Wenn wir in der Öffentlichkeit sind, d. h. wenn wir weggehen oder so, dann behandelt er mich liebevoll und er lässt sich gern mit mir sehen.

Ich habe ein relativ gutes Verhältnis zu meinem Vater, aber was die Aufgabenverteilung unter den Kindern angeht, hat er etwas altmodische Ansichten. Das heißt, ich werde als Tochter oft aufgefordert, meiner Mutter zu helfen, und meine Brüder nicht. Das finde ich eigentlich ungerecht.

Man muss ihn kennen, um zu wissen, wie großartig er ist!

Er ist mein männliches Vorbild

Söhne an höheren Schulen

„Sohn, ich bin stolz auf dich!" Dieses ‚Wundermittel', taucht auch auf in ausgewählten Geschichten von Söhnen im Alter von vierzehn bis siebzehn, die die Oberstufe einer höheren Schule besuchen. Es ist der „Ansporn, hundert Prozent zu geben", eine Bekräftigung mit fast magischer Kraft. So scheint es zumindest, wenn man diese Geschichten liest. Im Grunde geht es um dasselbe Bedürfnis auch in jenen Beziehungen, in denen die Söhne den Vater anklagen, gerade weil sie von ihm nicht das bekommen, was sie bräuchten.

Sie wollen ihr eigenes Leben führen und mögen es nicht, wenn der Vater glaubt, auf jugendlich tun zu müssen, und ihre Freunde und Bekannten in Beschlag nimmt. Aber sie schätzen und brauchen seinen Halt, seinen Rat, sein offenes Ohr, nach einigem Murren auch seine Grenzen und Regeln, wenn sie nicht nur Schikane oder ein Machtspiel sind. Nicht selten berichten sie, dass der Vater zwar wenig Zeit hätte, und sind doch überzeugt, dass er „immer für mich da ist". Die Zeit und das Greifbar-Sein ist ihnen wichtig, doch ist das „für mich da sein" vor allem eine Haltung, eine Einstellung und eine Botschaft, die sie in vielen Dingen wahrnehmen.

Diese Jungs sind älter und unternehmen nicht mehr so viel mit dem Vater, haben ihre eigene Welt, ihre Schule, ihre eigenen Freunde und manchmal auch schon die eigene Freundin. Sie sind zwar dankbar, dass er ihnen Schi fahren beigebracht hat, aber sie gehen heute lieber mit den eigenen Freunden Schi fahren als mit dem Vater. Die große Frage ist für sie,

wie der Vater zu ihnen steht, wie er mit ihren Fehlern umgeht, wie er sie behandelt, was er tut, wenn sie „mal Mist gebaut" haben. Letztlich spitzt es sich auf die Frage zu: Glaubt der Vater an seinen Sohn? Wenn sie spüren, dass der Vater an sie glaubt, gibt es ihnen eine ruhige Kraft und sie müssen sich nicht ständig beweisen. Wenn der Vater an sie glaubt, nehmen sie ihn gern als Vorbild, ohne dass er deswegen ein Idealvater sein müsste.
Warum tun sich manche Väter trotzdem schwer damit? Offenbar sind es Väter, die sich selbst noch beweisen müssen – doch dafür sind nicht die Söhne oder Töchter da. Sie brauchen Männer, die an sich selbst als Vater glauben, denn dann können sie auch an ihre Söhne und Töchter glauben. Jeder Vater hat eine Geschichte mit seinem eigenen Vater, doch auch wenn diese nicht sehr glücklich war, können Väter an ihren Kindern reifen. Wie gewinnt man den richtigen Blick dafür? Einem dieser jungen Männer ist fast so etwas wie ein Rezept eingefallen: „Versucht euch in die Lage eines Sohnes zu versetzen. Dann könnt ihr ihn auch verstehen und mit ihm darüber reden!"

Mein Vater ist sehr geduldig und hilfsbereit, auch liebevoll und nett. Er ist meine Bezugsperson und mein Vorbild, auch wenn er manchmal sehr genau ist und oft im Stress. Er ist immer für mich da und ist einer, der alles überlegt und überdenkt. Ich sehe meinen Vater als Person, die mich auf meinem Lebensweg begleitet und unterstützt und die mir das, was ich im Leben brauche, mit auf den Weg gibt.

Mein Vater unterstützt mich immer und ist ein Vorbild für mich. Er ist sehr fleißig und mag seinen Beruf. Er kann zwar leicht zornig werden, aber er ist auch gerecht und sehr genau. Diese Genauigkeit ist manchmal ein wenig lästig. Seine Regeln am Tisch mag ich nicht besonders. Trotzdem habe ich ihn sehr gern.

Mein Vater ist mein Freund, mein Erziehungsberechtigter, meine Bank und ist immer für mich da. Er ist der beste Mensch auf der Welt!

Mein Vater ist ein Halt für mich.

Mein Vater ist fleißig, hilfsbereit und großzügig. Er ist der Arbeiter in der Familie und bestimmt, was ich darf oder muss. Er erledigt auch manchmal Hausarbeit, um meine Mutter zu entlasten, weil er für Gleichberechtigung ist. Er ist mein männliches Vorbild. Zudem weiß er, wie man Auto fährt.

Mein Vater ist öfter ein komplizierter Mensch, dem man vieles oft nicht recht machen kann. Auch nervt er mich manchmal mit der Schule, dem Essen, dem Obst wegen der Vitamine usw. Aber ich nehme das meistens so hin oder streite mit ihm, weil ich ja eigentlich weiß, dass er es gut mit mir meint. Oft benimmt er sich sehr kindisch oder versucht, mit dummen Witzen bei meinen Freunden anzukommen. Ich finde das öfter peinlich, denke mir aber dabei, dass er mein Vater ist und ich mich nicht wegen ihm zu schämen brauche. Jeder, der ihn auslacht, bekommt es mit mir zu tun, denn ich liebe ihn ja trotzdem. Ich glaube, dass sich das mit unseren Meinungsverschiedenheiten nach der Pubertät legt.

Mein Vater ist sehr großzügig, aufgeweckt und sehr unternehmungslustig. Er liebt sein Motorrad und seine Frau oder seine Frau und sein Motorrad. Er ist 5A und fühlt sich 3D. Er arbeitet sehr viel, aber er unterstützt mich auch, wo es nur geht. Ja, das ist mein Vater.

Ich habe meinen Vater sehr gern und ich wüsste nicht, was ich ohne ihn machen sollte. Er raucht sehr viel, und das geht mich manchmal an. Zur Zeit ist er ziemlich grantig, weil er Stress mit seinem Job hat. Er hilft mir oft (Mädchen, Schule) und ist ein guter Kollege.

Mein Vater ist ein Familienmensch. Er ist ein richtiger Hausmann, weil er in unserer Familie am besten kochen kann. Auch hilft er den Kindern oft beim Abwasch. Wenn es um das Lernen geht, kann er richtig streng sein, weil er selbst neben dem Beruf noch ein Studium absolviert hat. Mein größter Wunsch, mit ihm ein Bundesligaspiel zu besuchen, ist schon in Erfüllung gegangen, denn wir sind beide sehr fußballinteressiert. Alles in allem bin ich froh, so einen netten, liebevollen Vater zu haben, der immer für mich da ist, wenn ich ihn brauche.

Er ist eigentlich sehr nett, auch wenn er viel schreit. Er schreit über alles, z. B. wenn mein Zimmer nicht aufgeräumt ist, oder wenn ich vergessen habe, die Küche abzuräumen, oder wenn ich wieder einmal nicht gelernt habe. Aber das Beste ist, immer wenn er anfängt, im Haus herumzulaufen, und alles bemängelt oder schreit, muss ich anfangen zu lachen. Das wird dann leider öfters zu einem Problem für mich, weil er meint, dass ich ihn nicht ernst nehme. Dann muss ich immer Rasen mähen oder im Garten helfen. Aber trotz allem finde ich ihn den besten Vater, den man sich vorstellen kann. Außerdem bin ich stolz auf seine Arbeit und möchte später denselben Beruf ausüben wie er.

Über meine Mutter könnte ich viel schreiben, aber über meinen Vater? Viel Schlechtes fällt mir ein, aber wenig Gutes. Er scheint sich gewandelt zu haben, seit ich zum ersten Mal in der Schule war, oder habe ich mich gewandelt? Einst so nah und jetzt so fern. Einst erhoffte ich einen Lehrer, der mir zeigt, wie man lebt. Jetzt, wo ich es selbst begriffen habe, merke ich, dass er mich genau dies lehren wollte. Und doch war mein Vater fast wichtiger als meine Mutter, denn ohne ihn und meine Fehler wäre ich ein anderer, ja ein schlechter Mensch geworden. Das war vermutlich das größte Problem mit meinem Vater: Ich konnte nicht aus seinen Fehlern lernen. Er wollte, dass ich nicht die gleichen Fehler mache. Gäbe es nur ein Rezept, nach dem Erfahrungen übertragbar wären, und kein Vater müsste glauben, versagt zu haben! Er hätte immer die Sicherheit, sein Bestes gegeben zu haben, alles gegeben zu haben, was ihn zu ihm selbst macht.

Er ist mein großes Vorbild. Was mich an ihm fasziniert, ist seine Ruhe. Er ist ausdauernd und hat sich praktisch vom Hilfsarbeiter bis zu einer höheren Position hochgearbeitet. Das beeindruckt mich sehr. Ich hoffe, dass ich auch einmal so werde wie er. Er ist sehr lieb und man kann gut mit ihm reden. Er kann sehr gut zuhören. Ab und zu denke ich, wie kann einer nur so ruhig sein, und wie der es durchsteht, wenn ich einmal Scheiße baue. Er ist mit meiner Mutter seit 16 Jahren zusammen und ich glaube, sie lieben sich immer noch. Ich bin sehr froh, dass ich so einen Vater habe.

Ich habe zu meinem Vater eine gute Beziehung. Aber ich mag an ihm nicht, dass er manchmal versucht, cool zu wirken, was ihm nicht gelingt und auch nicht steht.

Ich verstehe mich mit meinem Vater eher nicht so gut. Wahrscheinlich liegt es daran, dass er wegen seiner Firma oft ins Ausland reist. Deshalb ist und war meine Mutter für die meisten Sachen zuständig. Mein Vater ist sehr intelligent und erfinderisch. Er hat auch das Studium in Mindestdauer gemacht, obwohl er in der Früh arbeitete und eine Freundin und einen Sohn hatte. Irgendwie bin ich auch stolz auf meinen Vater. Wenn er nicht im Ausland ist, arbeitet er von 6 Uhr früh bis 10 Uhr abends. Wenn er dann heimkommt, ist er natürlich nicht mehr sehr gesprächig. Ich glaube sowieso, dass er total überfordert ist, und durch sein Übergewicht ist er auch herzinfarktgefährdet. In den letzten Jahren ist er wieder öfter zu Hause und versucht, versäumte Zeit nachzuholen. Doch wenn man den Alltag ohne Vater gewohnt ist, fällt das einem schwer! Trotz allem bin ich sehr stolz auf ihn und möchte ihn nicht missen.

Gestern schickte mich mein Vater in den Keller, eine Rohrzange zur Reparatur eines Gartenmöbels zu holen. Ich ging in den Keller und suchte in drei verschiedenen Werkzeugkisten, doch ich fand keine Rohrzange. Ich ging wieder nach oben und sagte: „Ich konnte keine finden.“ Daraufhin er: „Muss ich jetzt wirklich selbst in den Keller gehen?“ Nach kurzem Suchen hatte er sie gefunden. Er kennt sich im Keller aus. Er hat die Zange wahrscheinlich auch versorgt. Aber ich habe keine Ahnung und war auch ein wenig geistig abwesend. Warum muss mein Vater überhaupt am Abend um 21 Uhr anfangen herumzubasteln? Ich hatte ehrlich gesagt keinen Bock, weil jede Arbeit mit meinem Dad Scheiße ist.

Die fast eineinhalb Jahrzehnte, in denen ich meinen Vater kenne, hatten wir immer eine gute Beziehung. Nie stritten wir über etwas, von kleinen Meinungsverschiedenheiten abgesehen. Ein Mensch, mit dem ich alle Jahre meines noch jungen Lebens verbracht habe. Mit ihm kann ich Sport machen. Er hilft mir beim Lernen, hat mir schwimmen, Tennis, Rad fahren ... beigebracht – ein Vater, mit dem man leben kann, auf den man stolz sein kann.

Mein Vater hat eigentlich keine Zeit für mich. Er arbeitet den ganzen Tag, da er mal Leiter seiner Abteilung werden will. Er lässt uns irgendwie im Stich, obwohl ich weiß, dass es uns allen zu Gute kommen würde. Was mir überhaupt nicht gefällt, ist, wenn er einen schlechten Tag hat oder ihn sein Vorgesetzter ärgert. Er kommt dann schon mit schlechter Laune nach Hause und sucht Gründe, um mir auch etwas zuleide zu tun. Wenn er ganz schlechte Tage hat, ist er auch aggressiv und schlägt mich. Doch das ist für ihn dann alles wieder vergessen. Für mich nicht, ich werde mir jedes Mal merken und das nie vergessen. Vielleicht werde ich mich einmal rächen, denn ich will es nicht in mich reinfressen und es dann an meinen Kindern auslassen.

Egal, wo ich Probleme habe, kann ich es meinem Vater sagen und er baut mich seelisch und moralisch wieder auf und genau das finde ich so toll an ihm. Er unterstützt mich in jeder Hinsicht und ich kann beruhigt sagen, dass er stolz auf mich ist, egal welchen Weg ich nehme.

Mein Vater ist ein toleranter Mensch. Aber reden über Mädchen oder solche Sachen, tue ich mit meinem Vater eher nicht, wäre aber sicher einmal einen Versuch wert!

Ich habe Respekt vor meinem Vater, weil er erfahrungsmäßig viel weiter ist. Ich helfe meinem Vater gern und letzthin hatten wir die Gartenlaube zu streichen. Da stand ein Bier neben uns und wir strichen vor uns hin, auf und ab und wieder auf und ab. Er erzählte mir Geschichten über seine Jugendstreiche und ich hörte gespannt zu. Aber irgendwie konnte ich nicht zuhören und Laube streichen, denn als er eine Erzählpause einlegte, sah ich, dass ich das halbe Fenster mit angestrichen hatte. Ich schämte mich, weil ich nicht wollte, dass mein Vater dachte, dass ich dumm wäre. Aber er lächelte mich nur an, holte einen Lumpen mit Nitro und wischte es weg. Dann erzählte er weiter, und als wir fertig waren, holte ich meine Schwester und meine Mutter. Mein Vater sagte nur, dass ich es toll gemacht hätte, und alle stimmten zu. Ich war froh, dass er sonst nichts gesagt hat. Mein Vater ist stolz auf mich, wenn ich etwas geleistet habe oder wenn ich es ernsthaft versucht habe. Es gibt mir Ansporn, hundert Prozent zu geben, wenn ich weiß, dass jemand stolz auf mich ist.

Mein Vater würde nie zu mir sagen, dass ich doof sei. Er kritisiert mich zwar manchmal, aber ein bisschen Kritik tut jedem gut. Ich denke, dass mein Vater sehr stolz auf mich ist. Er hat es zwar nicht zu mir selber gesagt, aber zu meiner Mutter. Mein Vater zeigt sowieso fast nie Gefühle. Meine Mutter erzählte mir einmal, als ich zu spät nach Hause kam, dass mein Papa die ganze Nacht kein Auge zumachen konnte, weil er Angst hatte, mir sei etwas passiert. Mein Vater hat noch nie richtig mit mir geschimpft, wenn ich etwas falsch gemacht habe, im Gegenteil, er hat mir erklärt, wie ich es richtig machen kann. Geschlagen hat mich mein Vater noch nie. Als er noch ein Kind war, bekam er oft Prügel von seinem Dad. Ich glaube, er würde mich nie schlagen. Ich hatte bis jetzt sehr viel Spaß mit meinem Dad. Ich könnte mir keinen anderen vorstellen.

Mein Vater ist eigentlich ganz okay. Aber es gibt Situationen, in denen ich ihm die Gurgel umdrehen könnte. Angefangen von dem, dass er wahnsinnig gern redet. Nichts gegen das Reden, aber wenn man dann so redet wie mein Vater, das hält man im Kopf nicht aus. Wenn Kollegen oder Freundinnen bei mir sind, muss er mit diesen über belanglose Themen reden, die keine Sau interessiert. Ich probiere dann immer, mit den Kollegen/Freundinnen in mein Zimmer oder in den Garten zu gehen.

Als wir eine Meisterschaft im Handball gewonnen hatten, kam mein Vater zu mir und sagte: „Sohn, ich bin stolz auf dich!" Dieser einfache Satz hat so viel bewirkt. Dieser Satz kann so viel aussagen und es ist gut zu wissen, dass man jemanden hat, der an dich glaubt. Nicht jeder Vater ist so wie meiner. Wir sind ehrlich zueinander und können auch gut gemeinsam Blödsinn machen und zusammen lachen. Er motzt mich nicht an und sieht es locker, wenn ich mal Mist baue, und lacht mit mir sogar darüber. Unsere Beziehung kann man nicht so leicht aus der Fassung bringen. Hier noch ein Appell an die Väter da draußen: Versucht euch in die Lage eines Sohnes zu versetzen. Dann könnt ihr ihn auch verstehen und mit ihm darüber reden!

Kinder brauchen Väter

Zum Thema „Kinder brauchen Mütter" ein Buch zu schreiben, wäre wohl noch unsinniger als Eulen nach Athen zu tragen. Zwar gibt es die Kinder auch nicht ohne ihre Väter, doch deren Bedeutung schien lange Zeit reduziert auf das Zeugen und Geldbeschaffen. Bis in die 70er Jahre waren sogar Fachleute überzeugt, dass im Grunde eine Mutter für die Erziehung der Kinder ausreicht. Gerade die Erfahrungen der Familientherapie waren es, die in den letzten Jahrzehnten sehr deutlich gemacht haben: Kinder brauchen Mütter und Väter. So wie ein Kind aus dem gemeinsamen Akt der Zeugung erst entsteht, braucht es zur Entwicklung zu einem reifen Menschen wiederum Vater und Mutter. Damit Töchter ganze Frauen und Söhne ganze Männer werden, brauchen sie nicht nur die Fürsorge der Mutter, sondern auch eine gute Beziehung zum Vater.

Diese Einsichten sind inzwischen auch durch empirische Studien untermauert. Die therapeutische Praxis zeigt, dass ein Großteil der Kinder mit gröberen Störungen Kinder sind, die entweder keinen Vater haben oder einen Vater haben, der in der Familie keine Rolle spielt. Eine deutsche Langzeitstudie hat ergeben, dass 70% der straffälligen Jugendlichen ohne ihren Vater aufgewachsen sind. Das amerikanische Justizministerium kommt in einer Untersuchung zum Schluss, dass in der Frage, ob ein Kind Gefahr läuft, eine kriminelle Zukunft zu haben, die Anwesenheit oder Abwesenheit des Vaters die entscheidende Rolle spielt. Jungen, die keinen Vater haben, sind statistisch unfallgefährdeter und auch die Todesgefahr ist bei männlichen Jugendlichen viel größer, wenn sie nicht mit dem Vater aufwachsen.

Die vaterlose Gesellschaft

Die Situation der Väter hat sich seit ca. 150 Jahren grundlegend verändert. Bis dahin übten die Männer ihren Beruf als Bauern, Handwerker oder Gewerbetreibende meist im Umfeld der eigenen Familie aus. Die Kinder erlebten den Vater im Zusammenhang seiner beruflichen Tätigkeit und hatten einen Bezug zu seiner Arbeit. Mit der industriellen Revolution, die die Arbeit in Industriebetriebe verlegte, klaffte diese Situation auseinander.

Der Vater ist nun der, der morgens aus dem Haus geht und abends müde heimkommt. Damit verlieren nicht nur die Väter an Bezug zur Familie, sondern auch den Kindern wird zunehmend fremd, was der Vater den ganzen Tag so tut.

Heute erleben wir einen Aufbruch der jungen Väter, die sich mehr als bislang mit ihrer Rolle auseinander setzen und diese auch wahrnehmen. Wer hätte sich vor 30 Jahren vorstellen können, dass Väter sogar in das Schwangerschaftsturnen mitgehen? Von der Geburt im Spital waren sie noch gar nicht so lange ausgesperrt. Hier hat sich zweifellos in den letzten Jahren sehr viel getan. Und doch, viele junge Väter mit anfangs großartigen Vorsätzen landen oft über kurz oder lang wieder in der Rolle dessen, der abends müde heimkommt und zunehmend Mühe hat, der Familie ein aufmerksamer Vater zu sein.

Kinder können eine großartige Bereicherung eines Männerlebens sein und zeugen gleichzeitig von einer Orientierung auf die Zukunft unserer Gesellschaft. Dazu ist es erforderlich, dass Väter die Aufgaben nicht allein auf die Mütter abwälzen, sondern ihre eigenständige und unverzichtbare Verantwortung wahrnehmen. Aber es wird letztlich nicht reichen, nur moralische Appelle an die Väter zu richten. Es ist für unsere ganze Gesellschaft unverzichtbar, dass wir die Väter wieder ins Spiel bringen, und damit muss es die Aufgabe der Gesellschaft sein, die Väter darin zu unterstützen. Der moralische Appell an Väterpflichten bleibt auf Dauer unglaubwürdig, wenn nicht auch politisch und wirtschaftlich anerkannte Väterrechte etabliert werden. Die Arbeitswelt geht heute mehr denn je davon aus, dass Männer jederzeit verfügbar sind. Dagegen aufzustehen bräuchte nicht nur ein hohes Maß an Zivilcourage, sondern viele würden damit sogar ihren Arbeitsplatz riskieren. Wir müssen die gesellschaftlichen und wirtschaftlichen Rahmenbedingungen schaffen, die es Männern ermöglichen, ihr Vatersein wieder stärker leben zu können.

Das heutige Familiensystem

Das System der heutigen „Durchschnittsfamilie" schaut ungefähr so aus: Etwas abseits steht der Vater, der dort gar nicht so glücklich aussieht. Er spürt den Abstand und würde gern näher bei seiner Familie stehen. Er fühlt sich fast abgeschnitten von etwas, das ihm doch sehr wichtig ist. Auf der anderen Seite steht die Mutter mit den Kindern. Sie spürt, wie wichtig sie für die Kinder ist, und schöpft daraus das Gefühl der Bedeutsamkeit. Gleichzeitig spürt sie aber auch, dass neben ihr etwas fehlt, dass eine stärkere Unterstützung durch den Partner ihr gut tun würde. Neben der Mutter steht vielleicht ein Sohn, der hier einen sehr unruhigen Platz hat. Er merkt, wie nah er bei der Mutter steht, dass er sich eigentlich von ihr lösen müsste, dass er eigentlich auf die Seite des Vaters gehört und doch nicht wegkommt. Es sind manchmal verzweifelte Bemühungen. Neben ihm steht vielleicht noch eine Tochter, die sich zwar grundsätzlich auf der Seite der Mutter gut aufgehoben fühlt, trotzdem aber immer wieder

zum Vater blickt und sich nach seiner Anerkennung sehnt.
Wenn die Väter wieder mehr ins Spiel kommen sollen, so ist das nicht gegen die Mütter gerichtet und schon gar nicht sollen damit die Mütter abgewertet werden. Unmenschlich ist es viel eher, die ganze Aufgabe der Erziehung den Müttern aufzubürden. Da kommen nicht nur die Kinder zu kurz, sondern es werden auch die Mütter unweigerlich überbelastet. Die Kinder brauchen Mütter und Väter, das mütterliche und das väterliche Muster. Sie brauchen Fürsorge und Grenzen, Nähe und Distanz, die Innen- und die Außensicht, Geborgenheit und Herausforderung, die Erfüllung von Wünschen und den Verzicht, die emotionelle Umklammerung und den aufrechten Halt. Beides zu leisten wird einen Teil allein immer überfordern. Eine ausgeglichene und stabile Erziehung ist nur möglich, wenn auch der Vater dem Kind gibt und wenn das Kind vom Vater nehmen kann und das nicht nur, wenn die Mutter gerade nicht zusieht. Es wäre zu wünschen, dass die Männer Manns genug sind, sich aus dieser Aufgabe durch nichts verdrängen zu lassen.

„Als Mann und Frau erschuf er ihn"
Den Menschen als Menschen gibt es nicht. Es gibt ihn nur als Mann oder Frau, wie es schon in der Bibel steht: „Und Gott schuf den Menschen, als Mann und Frau erschuf er ihn." Wenn wir auf die Welt kommen, ist der erste Akt, dass die Hebamme schaut, ob da unten etwas dran ist. Die erste Frage unserer Existenz ist: ein Junge oder ein Mädchen? Manche Unterschiede sind zweifellos biologisch bedingt. Wir wissen aber aus sehr eindeutigen Untersuchungen, dass das Umfeld von Anfang an das Kind anders behandelt, schon anders ‚in die Hand nimmt',

je nachdem ob es sich um einen Jungen oder ein Mädchen handelt. Als Mann oder Frau werden wir nicht nur geboren, zu Mann oder Frau werden wir auch gemacht. Darin liegt der Grund, dass Vätern (wie Müttern) je nach Geschlecht der Kinder eine qualitativ unterschiedliche Bedeutung zukommt. Brauchen tun ihn beide, Söhne wie Töchter.

Für Söhne wie Töchter ist die Mutter im Normalfall das erste Liebesobjekt. Für die Tochter bleibt sie aber als Frau auch das Identifikationsobjekt, da sie selber eine Frau ist bzw. wird. Der Junge muss sich hingegen als Mann von ihr trennen, sein Identifikationsobjekt ist der Vater. Der kleine Junge wächst zuerst in einer sehr engen, sog. symbiotischen Beziehung zur Mutter auf. Diese ist zu Anfang lebensspendend und lebensnotwendig. Nach der körperlichen Abnabelung bei der Geburt muss es später zu einer sozialen Abnabelung des Sohnes kommen. Gerade hier liegt eine wesentliche Aufgabe des Vaters, die Psychologie spricht von ‚Triangulierung'. Es ist seine Aufgabe, das enge, symbiotische Verhältnis des Sohnes zur Mutter aufzubrechen und ein Dreieck daraus zu machen: Mutter-Vater-Sohn. Diese Abnabelung, die für manche Mütter vielleicht nicht ganz angenehm sein mag, ist ein unabdingbarer Schritt zum Mannsein.

Das männliche Ufer

Der kleine Junge merkt, dass er etwas anderes ist als die Mutter, und braucht den Vater als das männliche Gegenüber, als Vorbild und männliches Identifikationsobjekt. Fehlt dieses, weiß er zwar, dass er da weg muss, dass er nicht werden darf wie die Mutter, aber er weiß nicht, wie und wohin. Fehlt das männliche Ufer vor Augen, werden die Abstoßbewegungen vom weiblichen Ufer immer radikaler und hilfloser.

Die Söhne können nicht durch ihre Mütter das Mannsein lernen. Auf dem Weg zum Mannsein brauchen sie Männer, an erster Stelle natürlich den Vater, es können aber auch andere ältere Männer sein. Durch die Mutter weiß der Junge nur, was eine Frau möchte, ein eigenes Männerbild kann sie ihm von Natur aus nicht vermitteln. Tut er, was sie wünscht, bleibt er an ihr orientiert und kann sich nicht lösen. Fehlt ihm die Orientierung an einem greifbaren Mann, wird er alles Mögliche machen, auch viel Blödsinn, um nur ja anders als die Mutter und damit krampfhaft Mann zu sein.
Söhne müssen das Mannsein von Männern lernen und dazu gehört auch der Umgang mit ihrer Kraft und Aggression. Diese sind schon körperlich bedingt ein natürlicher Bestandteil des Mannseins und es ist davor zu warnen, Aggression allzu schnell mit Gewalt gleichzusetzen. Untersuchungen haben gezeigt, dass die Frage, ob Jugendliche später gewalttätig werden, wesentlich davon abhängt, ob sie schon in frühen Jahren gelernt haben, mit ihrer Kraft umzugehen. Und das ist nun wirklich die Aufgabe der Väter, den Söhnen das Streiten beizubringen. Sie müssen lernen zu kämpfen und dabei gleichzeitig Grenzen einzuhalten, zu kämpfen, ohne jemand zu verletzen. Sie dürfen ihre Kraft nicht unterdrücken, aber sie müssen lernen, mit ihr gut umzugehen. Da mag es aus Sicht der Mütter schon manchmal rau zugehen, aber die Mütter müssen ja nicht immer dabei sein. Der gewalttätige Mann ist nämlich durchwegs jener, der es nicht gelernt hat, mit seiner Aggression und Kraft umzugehen. Gewalt und Brutalität sind gerade nicht Ausdruck männlicher Stärke. Vielmehr sind es innerlich schwache und unreife, manchmal auch hilflose und überforderte Männer, die zu körperlicher Gewalt greifen.

Softies, Machos, Schürzenjäger

Im Märchen „Eisenhans“ der Gebrüder Grimm muss der Junge zu Beginn den Schlüssel zum Käfig unter dem Kopfkissen der Mutter stehlen und ihn dann wegwerfen. In einer Diskussion meinte eine Mutter entsetzt: „Aber das muss meiner doch nicht, ich gebe ihm den Schlüssel doch gern!“ Das ist eben der Punkt: Solange der Schlüssel ein Geschenk der Mutter ist, misslingt der eigenständige Weg zu einem kraftvollen Mannsein. Machos tragen diesen geschenkten Schlüssel in ihrer Tasche und glauben, damit jede Frau ‚aufsperren‘ zu können. ‚Den Schlüssel zum Käfig unter dem Kopfkissen der Mutter zu stehlen‘ ist und bleibt der Weg zum Mannsein und darin müssen die Väter ihre Söhne unterstützen und die Mütter dürfen ein großes Stück Verantwortung an die Väter abgeben. Auch die Mütter werden dadurch frei.

Diese Abnabelung von der Mutter ist das eigentliche Dilemma vieler Männer heute. Wie soll sie auch geschehen, wenn die Väter fehlen oder zumindest ihre Unterstützung? Und wer hat den Vätern damals geholfen? Bis zum zehnten Lebensjahr sind viele Jungen ausschließlich unter weiblichem Einfluss: Mutter, Kindergartentante, Volksschullehrerin. Wenn sich Väter erst um pubertierende Söhne kümmern, ist es oft schwierig, noch eine Beziehung herzustellen. Der kleine Junge muss schon merken, dass da neben der Mutter noch ein anderer ist, zu dem er auch eine eigene Beziehung entwickeln kann. Ansonsten wird der Junge ausschließlich ‚durchmuttert‘, statt dass er auch ‚bevatert‘ wird.

Muttersöhne können als erwachsene Männer verschiedene Ausprägungen haben. In einer etwas vereinfachten Typologie gibt es da einmal den Softie, den schüchternen Weichling, von dem man das Gefühl hat, er sei noch nie auf seinen beiden Füßen gestanden, er suche immer noch die Mutterbrust. Ein Gegenstück ist der eher gewalttätige Macho, der viel Kraft aufwendet, um sich ständig gegen das mütterliche Übergewicht abzugrenzen. Nicht selten haben Machos deshalb eine Abneigung gegenüber Frauen, weil sie von ihnen abhängig sind und sich gleichzeitig gegen diese Abhängigkeit wehren. Er ruht nicht in seinem Mannsein, sondern glaubt es ständig beweisen zu müssen. In jeder Schwäche sieht er die Gefahr, aus dem ‚Männlichen' wieder herauszufallen. Auch der Schürzenjäger ist im Grunde fixiert auf Mutters Schürze. Es sind jene, die hinter jeder Frau herjagen, weil sie eigentlich ihre Mutter suchen, sie natürlich nicht finden und nicht kapieren wollen, dass man die eigene Mutter nicht heiraten kann. Müttersöhne sind grundsätzlich auf eine eher unreife Art auf Frauen fixiert und tun sich oft schwer, eine Frau wirklich als Partnerin zu nehmen.

Sohn als Partnerersatz

Die Liebe zu den Kindern muss über den Partner gehen. In der geballten direkten Form ist es für die Kinder zu viel. Wenn sich die Eltern gut verstehen, sind die Kinder frei und es geht ihnen auch gut. So wäre es ideal, doch steht dem gegenüber natürlich die große Zahl kaputter Beziehungen, wobei hier über niemanden gerichtet werden soll. Die Abwesenheit des Partners oder eine gestörte Beziehung zu ihm bringt für die Frau eine unbewusste, inzestuöse Versuchung mit sich, die das Problem des Muttersohns noch verschärft: Der Sohn wird zum Partnerersatz. Eine junge, allein erziehende und sicher auch bedauernswerte Mutter hat in einem „Brief an mein Kind" einmal Folgendes formuliert: „Er war die große Liebe. Nichts ist davon übrig und er ist längst

nicht mehr hier. Statt ihm liegst du in meinem Bett, schaust mich mit großen Augen erstaunt und vertrauensvoll an. ... Und plötzlich ist es da, dieses unbeschreibliche Gefühl, wie ein Sturm fällt es über mich her und von diesem Augenblick an weiß ich, du bist meine große Liebe! Es wird bestimmt nicht einfach für uns zwei, und manchmal werde ich vielleicht noch weinen und mich fragen, warum du dir ausgerechnet mich als Mutter ausgesucht hast. Auch wenn ich mich hilflos und allein fühle – du wirst nie an mir zweifeln, weil deine Liebe zu mir grenzenlos ist. Dafür dank ich dir, mein Kind. Fühl dich wohl in meinen Armen. Immer."
Die Frau tut einem Leid, doch das Kind – ob es sich um einen Sohn handelt, geht aus dem Text nicht hervor – noch mehr. Was hier, bei aller Tragik, beschrieben wird, ist das, was ‚psychischer Inzest' genannt wird. Das Kind wird restlos zum Ersatz des eigenen Partners gemacht. Dass dieses Kind sich mit Sicherheit nicht „immer" in den Armen der Mutter wohl fühlen wird, dass es große Kraftakte brauchen wird, um ein eigenständiger Mensch zu werden, kann man sich vorstellen. Söhne, die Partnerersatz waren, haben später oft Probleme mit ihrem Selbstwert als Mann, weil sie gleichzeitig in der Erfahrung mit der Mutter gespürt haben, dass sie als Partnerersatz immer unvollständig, nie vollwertig waren.

Allein erziehende Mütter

Mit diesen Überlegungen soll ja nicht der Eindruck erweckt werden, dass Alleinerzieherinnen ihre Kinder automatisch in ein Chaos führen; Analoges gilt natürlich für allein erziehende Väter. Einige Punkte scheinen jedoch ganz wesentlich zu sein. Einmal muss klar sein, dass nur eine Partnerschaft geschieden werden kann, nie aber eine Elternschaft. Mann und Frau bleiben vom Zeitpunkt der Zeugung an Vater und Mutter dieses Kindes bis an sein Lebensende, ganz egal, was zwischen diesen beiden auch sein mag. Dies ist wie eine Art Naturtatsache, die nicht hintergangen werden kann. Entscheidend ist also, dass sich eine Alleinerzieherin bewusst ist, dass das Kind, egal, was zwischen ihr und dem Ex-Gatten geschehen ist, auch den Vater braucht. Es muss sehr viel passiert sein, damit ein Vater bei seinem Kind seine Rechte verliert. Es scheint so zu sein, als hätten die Kinder zwei Seelen in ihrer Brust, eine väterliche und eine mütterliche. Wenn ein geschiedener Elternteil gegenüber dem Kind den anderen Elternteil schlecht macht, so wird sich das rächen, weil ein Teil im Kinde selbst schlecht gemacht wird. Das Kind wird sich intuitiv innerlich mit dem schlecht gemachten Teil verbinden. Wenn also eine geschiedene Frau bei allen Verletzungen, die mit einer Scheidung verbunden sind, sich bemüht, dass das Kind weiterhin Kontakt zum Vater haben kann, und mit einem gewissen Respekt von seinem Vater redet, ist das Wesentlichste bereits geleistet.

Hat eine allein erziehende Mutter einen Sohn und es gibt aus irgendeinem Grund keinen Kontakt zum Vater mehr, muss sie wissen, dass sie dem Sohn das Männliche bei allen Bemühungen nicht ersetzen kann. Ein Sohn braucht, um ein ganzer Mann zu werden, andere, ältere Männer. Das können auch Opas, Onkel, Paten, Freunde, ein Lehrherr, der Fußballtrainer usw. sein. Daneben gibt es für Jungen viele organisierte Möglichkeiten, in den Einfluss bevaterungsfähiger Männer zu kommen: Pfadfinder, Sportvereine, Musikverein usw. Es gibt also für eine allein erziehende Mutter, die sich dieser grundlegenden Zusammenhänge bewusst ist, keinen Grund zur Resignation.

Töchter und ihre Väter

Bisher ist vor allem von den Söhnen die Rede gewesen – selbstverständlich brauchen auch die Töchter ihren Vater. Julia Onken hat ein faszinierendes Buch über die Vater-Tochter-Beziehung geschrieben („Vatermänner"). Als selber betroffene Vatertochter beschreibt sie sehr ehrlich und lebensnah die Bedeutung dieser Beziehung. Der Vater ist der erste Mann im Leben der Tochter und in der Beziehung zum Vater lernt sie den Grunddialog mit dem männlichen Geschlecht. In der Begegnung mit ihm öffnet sich der Tochter zum ersten Mal die männliche Welt. In der Beziehung zum Vater wird deshalb auch der Grundstein dafür gelegt, wie sie sich später als Frau gegenüber der Männerwelt einrichten wird. „Unsere Premiere wird von ihm inszeniert, und wir spielen die Rolle, die er uns auf den Leib schreibt", schreibt Julia Onken.
Töchter brauchen vom Vater vor allem die gegengeschlechtliche Bestätigung als Frau. Hier scheinen umgekehrt die Söhne besser dran zu sein, denn sie haben im Allgemeinen kein Problem, von der Mutter diese Bestätigung zu bekommen. Fehlt diese Bestätigung, dieser Austausch zwischen Vater und Tochter, speichert das Mädchen diesen Mangel als negatives Grundmuster für ihre Weiblichkeit ein. Selbstzweifel, ein brüchiges Selbstwertgefühl und die schmerzhafte Erkenntnis, als Tochter (Frau) nicht gut genug zu sein, sind dann die Folgen. Manche Frauen versuchen dieses „Vaterloch", wie es Onken nennt, in einer Partnerschaft oder Ehe zu heilen, was den männlichen Partner dann unbewusst in die Rolle des Vaterersatzes drängt. Manch einer mag dann schon das Fett abbekommen, das eigentlich dem Vater gilt. Andere wiederum orientieren sich fast übertrieben an Männern und sind im Grunde auf der Suche nach der väterlichen Anerkennung.

Die gegengeschlechtliche Beantwortung, wenn sie vom Vater vermittelt wird, ist für die Tochter ein großes Grundkapital, um dann als Frau selbstsicher zu sein und Selbstvertrauen zu besitzen. „Der bejahende Blick des Vaters speichert sich beim Mädchen in jeder Zelle mit der Nachricht ein, dass es vom anderen Geschlecht beantwortet wird“, schreibt Julia Onken. Sie kann dann als Frau selbstbewusst auf das männliche Geschlecht zugehen, ohne dass sie etwas nötig hat, ohne dass sie abhängig ist und um das Gefallen buhlen muss.

Vatertöchter

Vatertöchter sind für Julia Onken Frauen, deren tiefe Sehnsucht nach der Bestätigung durch den Vater nicht erfüllt worden ist. Dabei unterscheidet sie drei verschiedene Varianten, denen der verzweifelte Versuch gemeinsam ist, das Interesse des Vaters zu wecken. Die wohl häufigste Variante ist die „Gefall-Tochter“, die durch ihr Äußeres und durch besonders gefälliges Verhalten ständig zu gefallen sucht. Letztlich versucht sie unermüdlich dadurch Vaters Aufmerksamkeit und Zuneigung zu erlangen: Irgendwann wird er mich sehen, irgendwann wird er auf mich aufmerksam werden, und wenn ich mich da oder da noch so oder so gebe, dann werde ich ihm endlich gefallen. Es sind verzweifelte Versuche, die sich als Muster in den Beziehungen zu Männern wiederholen.

Die zweite Variante ist die „Leistungs-Tochter“, die es nicht auf dem Weg des weiblichen Gefallens versucht, sondern glaubt, dem Vater auf männlichem Terrain entgegenkommen zu müssen, um seine Aufmerksamkeit zu erlangen. Sie zeichnen sich durch besondere Leistungen aus in Bereichen, in denen sich auch der Vater bewegt (Beruf, Sport u. ä.), jene

Bereiche, von denen sie vermutet, diese könnten den Vater interessieren oder erfreuen. Sie scheut keine Mühen, investiert und tut alles, um in diesem Bereich erfolgreich zu sein und die eigene Leistung sichtbar zu machen: Denn dann wird er auf mich aufmerksam werden und mich achten. Überträgt sich dieses Muster in Partnerschaften, ist manchmal zu beobachten, dass sich Frauen abrackern um Dinge, die sie von ihrem Mann auch umsonst bekommen könnten – doch vom Vater haben sie es nicht bekommen.

Die „Trotz-Tochter“, die dritte Variante der Vatertöchter nach Onken, bemüht sich gar nicht mehr auf die entgegenkommende Art. Sie will dem Vater nicht mehr gefallen, noch ihn durch Leistungen beeindrucken, sondern geht gleich in den Widerstand. Sie trotzt, legt sich zu allem quer und ganz besonders natürlich zu seinen Ansichten. Indem sie sich mit ihm duelliert, erkämpft sie sich gleichsam seine Aufmerksamkeit: Solange du mit mir zu tun hast, solange du mit mir kämpfen musst, solange kannst du mich wenigstens nicht ignorieren. Für spätere Partner kann das natürlich ein sehr anstrengendes Muster sein.

Wie auch oben die Geschichten vieler Töchter zeigen, ist der Wunsch nach Anerkennung und Bestätigung durch den Vater groß. Diese sind gerade dann wichtig, wenn das Mädchen in die Pubertät kommt, der Körper sich verändert und sie weibliche Formen annimmt. Viele Väter verunsichert diese Situation, wenn aus dem kleinen Mädchen plötzlich eine junge Frau wird, und das Tragische aus Sicht der Töchter ist, wenn sie sich dann zurückziehen. Sie schützen sich damit vielleicht vor Sexualität, doch kommt es bei den Töchtern völlig anders an. Sie verstehen den plötzlichen Rückzug nicht, gerade in einer Zeit, in der ihnen die männliche Beachtung immer wichtiger wird. Der Vater darf auch in dieser Zeit seine Tochter ansehen und er darf stolz auf sie sein. Wenn er es ihr gegenüber dann noch zum Ausdruck bringt, hat er ihr etwas vom Wichtigsten gegeben und sie wird auch auf ihn stolz sein.

Kinder brauchen Väter, aber keine perfekten

In jeder Beziehung ist deutlich, dass Kinder für eine gesunde Entwicklung nicht nur die Zuwendung der Mutter, sondern auch eine gute Beziehung zum Vater brauchen. Die Söhne erhalten durch den Vater Zugang zu ihrer eigenen Männlichkeit. Sie brauchen seine Bestätigung und müssen von ihm lernen, wie sie mit ihrer Kraft umgehen können. Den Töchtern eröffnen Väter die männliche Welt und legen den Grundstein dafür, wie sie sich in dieser Welt einrichten werden. Die Anerkennung als Frau durch den Vater ist ein wichtiger Schritt zu reifem Frausein.
Angesichts dieser Herausforderungen mögen sich nun vielleicht einige Väter überfordert fühlen: Keine Angst, Kinder brauchen keine perfekten oder idealen Väter, aber sie brauchen Väter, die greifbar sind. Wenn Männer sich auf dieses Abenteuer ernsthaft einlassen, werden sie auch können, was ihre Kinder brauchen. Schließlich sind sie ja ihre Väter! Und wenn die Väter einmal ratlos sind, dann zeigen die obigen Geschichten den goldenen Weg auf: Die Kinder und Jugendlichen fragen und sagen, was sie brauchen oder wollen. Sie können sehr klar Antwort geben.
Einer der führenden deutschen Kriminologen antwortete auf die Frage, was Väter tun können, damit ihre Kinder nicht in die Gewaltszene geraten, ganz klar und einfach: „Sich Zeit für Kinder nehmen. Das Wichtigste ist: sich auseinander setzen, sich mitein-

ander beschäftigen. Nicht immer dominieren, sich auch mal entschuldigen, wenn man einen Fehler begangen hat. Eigene Entscheidungen zur Diskussion stellen und nicht immer Recht behalten wollen. Wenn sie Väter zum Anfassen sind, die sich nicht entziehen, die ihre Freude haben, mit Kindern zusammen zu sein, vielleicht beim Sport, dann braucht man sich um die Söhne keine Sorgen zu machen."
Letztlich profitieren auch die Väter selbst vom Umgang mit den eigenen Kindern. Ein Vater hat einmal geschrieben: „Durch den engen Kontakt zu den Kindern habe ich die eigenen kindlichen Seiten und meine verschütteten Gefühle wieder entdeckt. Ich habe Zugang erhalten zu meiner Zärtlichkeit, meiner Hingabe und zum spielerischen Umgang mit Situationen. Nicht zuletzt habe ich durch die absolute Ehrlichkeit der Kinder mehr zu meiner eigenen Wahrhaftigkeit gefunden."
Übrigens: Laut einer Umfrage unter Frauen gewinnen Väter, die sich um Kinder kümmern, auch bei Frauen an zusätzlicher Attraktivität!